教科別 びっくり！ オモシロ雑学

どっきり 国語 1

国語オモシロ雑学研究会 編

もくじ

知って楽しい！ 漢字《かんじ》のあれこれ

意外《いがい》な事実《じじつ》がある！ あの言葉《ことば》

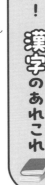

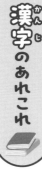

楽しい! 本・文学の世界《せかい》

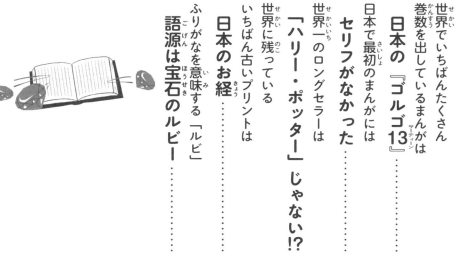

記号《きごう》・言葉《ことば》のおもしろ9連発《れんぱつ》

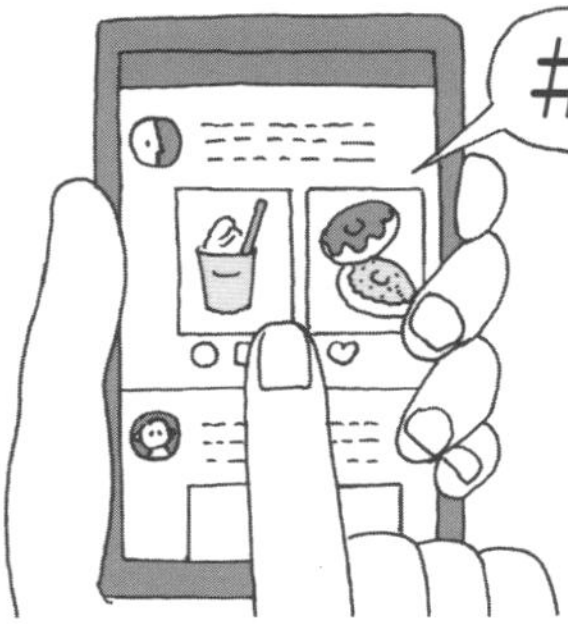

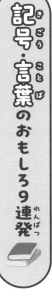

知って楽しい！
漢字《かんじ》のあれこれ

対照的《たいしょうてき》な「生」と「死《し》」

漢字《かんじ》の読み方の数も対照的《たいしょうてき》！

「生」は小学校1年で習《なら》った漢字《かんじ》だし、よゆうで読める！と思うでしょう。でも「生」は読みの種類《しゅるい》がたくさんあって、実《じつ》はなかなか手ごわい漢字《かんじ》なのです。

小学校で習《なら》う読みは「生活」などの「セイ」、「一生」などの「ショウ」、「生きる」「生かす」「生ける」「生まれる」「生む」「生える」「生やす」「生野菜《なまやさい》」などの10通り。中学校ではさらに「生い立ち」などの「お」、「生糸」などの「き」の読みを習《なら》います。

でも読みはまだまだたくさん！「生」はほかの漢字《かんじ》と

組み合わさったときに、いろいろな読み方をします。例《たと》えば「芝《しば》生《ふ》」では「ふ」と読みます。「弥《や》生《よい》」は「やよい」と読みますが、どこからが「生」の字の読みなのかはっきりしません。人の名前や地名ではこうした特別《とくべつ》な読み方が数えきれないくらいあるので、「生」は読みの種類《しゅるい》がいちばん多い漢字《かんじ》だといわれています。そして「死《し》」の読み方は1つだけです。対照《たいしょう》的《てき》ですね。

ほかにもある「生」の読み

生憎＝あいにく
相手《あいて》の期待《きたい》にそえず、残念《ざんねん》に思う気持《きも》ちを表《あらわ》す言葉《ことば》。

生粋＝きっすい
混《ま》じり気《け》がまったくないこと。

生絹＝すずし
まゆから引き上げたそのままの糸のこと。

生業＝なりわい
生活するための仕事《しごと》のこと。

越生＝おごせ
埼玉県《さいたまけん》にある地名。

福生＝ふっさ
東京都《とうきょうと》にある地名。

壬生＝みぶ
京都府《きょうとふ》にある地名。

National Language

ゼロが68個《こ》もある

数を表《あらわ》す漢字《かんじ》は「無量大数《むりょうたいすう》」

日本語は数も漢字《かんじ》で表《あらわ》すことができます。ゼロが1個《こ》の10は「十」。ゼロが2個《こ》の100は「百」。ゼロが3個《こ》の1000は「千」。そしてゼロが4個《こ》の10000は「万」。

「万」の次《つぎ》はぐっと大きくなります。「億《おく》」はゼロが8個《こ》。さらに大きい「兆《ちょう》」はゼロが12個《こ》。現在《げんざい》、日本が国のために1年間に使《つか》うお金がだいたい140兆円《ちょうえん》

です。日本中の道路《どうろ》やダムをつくったり、学校を運営《うんえい》したりするたくさんのお金を表《あらわ》せるのが「兆《ちょう》」なのです。

もっとずっと大きな数を表《あらわ》すのには、漢字《かんじ》1文字では足りません。『塵劫記《じんこうき》』という江戸時代《えどじだい》の数学の本によると、いちばん大きな数を表《あらわ》す漢字《かんじ》は「無量大数《むりょうたいすう》」。漢字《かんじ》を4文字も使《つか》って、ゼロが68個《こ》という大きな数を表《あらわ》します。1無量大数《むりょうたいすう》は1兆《ちょう》×1兆《ちょう》×1兆《ちょう》×1兆《ちょう》×1兆《ちょう》×1億《おく》というとんでもなく大きな数です。69けたもあるので、ふつうの電卓《でんたく》やそろばんでは計算できません。「無量大数《むりょうたいすう》」を筆算《ひっさん》する人は、ゼロの数を書きまちがえないように気をつけて！

無量大数《むりょうたいすう》

1000000000000000000000000
0000000000000000000000000
0000000000000000000 ※0が68個《こ》

National Language

「美《び》」は見た目じゃない！

「おいしい」ことを表《あらわ》す

「きれい」を意味《いみ》する「美《び》」という漢字《かんじ》はもう習《なら》いましたか？「羊《ひつじ》」みたいな字の下に「大」とおぼえた人もいるかもしれません。そのおぼえ方、大正解《だいせいかい》です！

もともと「美《び》」という字は大きな羊《ひつじ》を表《あらわ》したといわれています。漢字《かんじ》がつくられたころの大昔《おおむかし》の中国では、羊《ひつじ》は大切な食《た》べ物《もの》で、大きな太った羊《ひつじ》はごちそうでした。大きな羊《ひつじ》＝「美《び》」＝おいしい食《た》べ物《もの》。生きるために食べることはいちばん大切だから、おいしい食《た》べ物《もの》はよいもの、すばらしいものと意味《いみ》が広がり、きれいも意味《いみ》するようになったと考えられています。今でも「美味《びみ》」で「おいしい」を表《あらわ》しますよ。

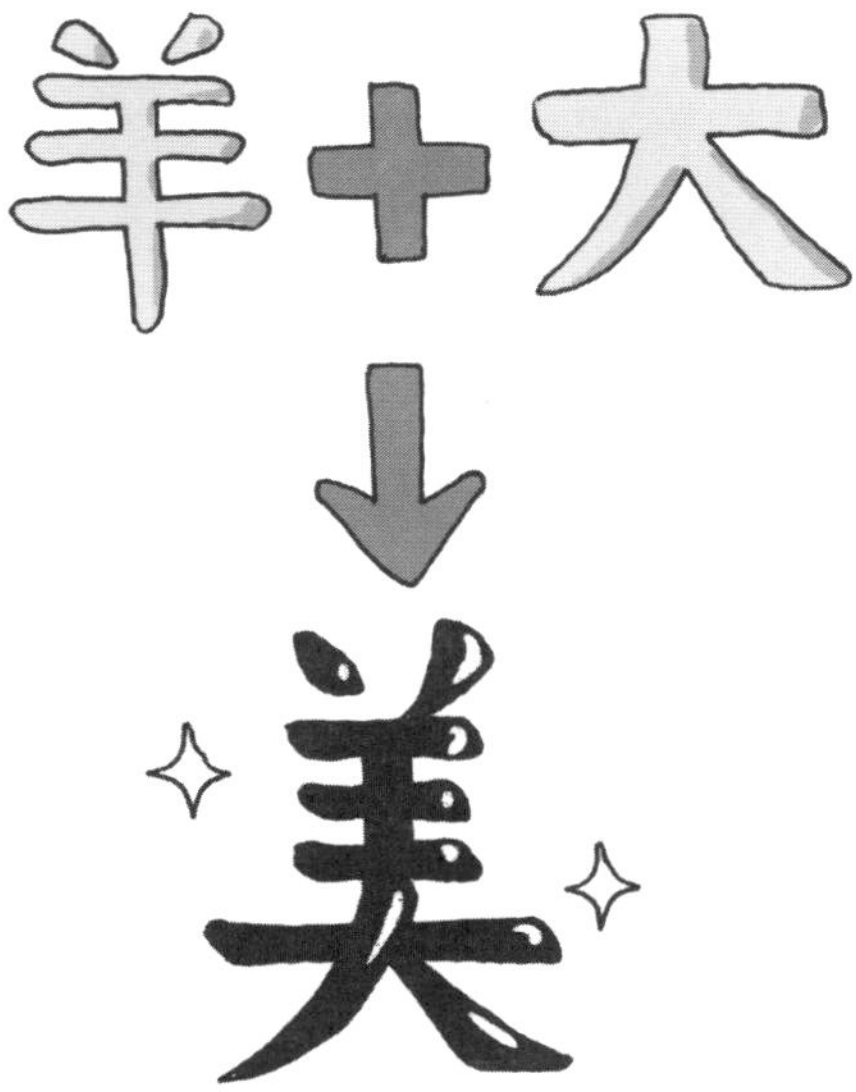
羊+大
↓
美

美《うつく》しすぎて
注目《ちゅうもく》されてしまうわ……。
フフフ
おいしそう……！
ぐぅ〜

National Language

「アメリカ」を「米」と書くのは ほかの国とまちがえないため

「日本とアメリカ」を「日米《にちべい》」といいますね。たった2文字で2つの国を表《あらわ》せる便《べん》利《り》な表《ひょう》現《げん》ですが、なぜアメリカが「米」なのでしょう。お米が主《しゅ》食《しょく》なのは日本ですよね？

　日本では昔《むかし》、外国のことを中国の本を通して学んでいたので、外国の物《もの》や名前を漢《かん》字《じ》で書《か》

き表《あらわ》す習慣《しゅうかん》がありました。この習慣《しゅうかん》は外国との付《つ》き合《あ》いが活発《かっぱつ》になった明治時代《めいじじだい》にもつづいて、「アメリカ」は「亜米利加《あめりか》」と書かれました。「米」はその省略語《しょうりゃくご》です。

でも、それならどうして「亜《あ》」と省略《しょうりゃく》しないのでしょう？　実《じつ》は「亜《あ》」のつく地域名《ちいきめい》はとても多いのです。日本をふくむ地域名《ちいきめい》「アジア」も「亜《あ》細《じ》亜《あ》」と書くので、「亜《あ》」では区《く》別《べつ》がつきません。「米」と1文字で表《あらわ》される国は1つ、「アメリカ」だけです。

これどこの国？　あみだをたどってみよう！

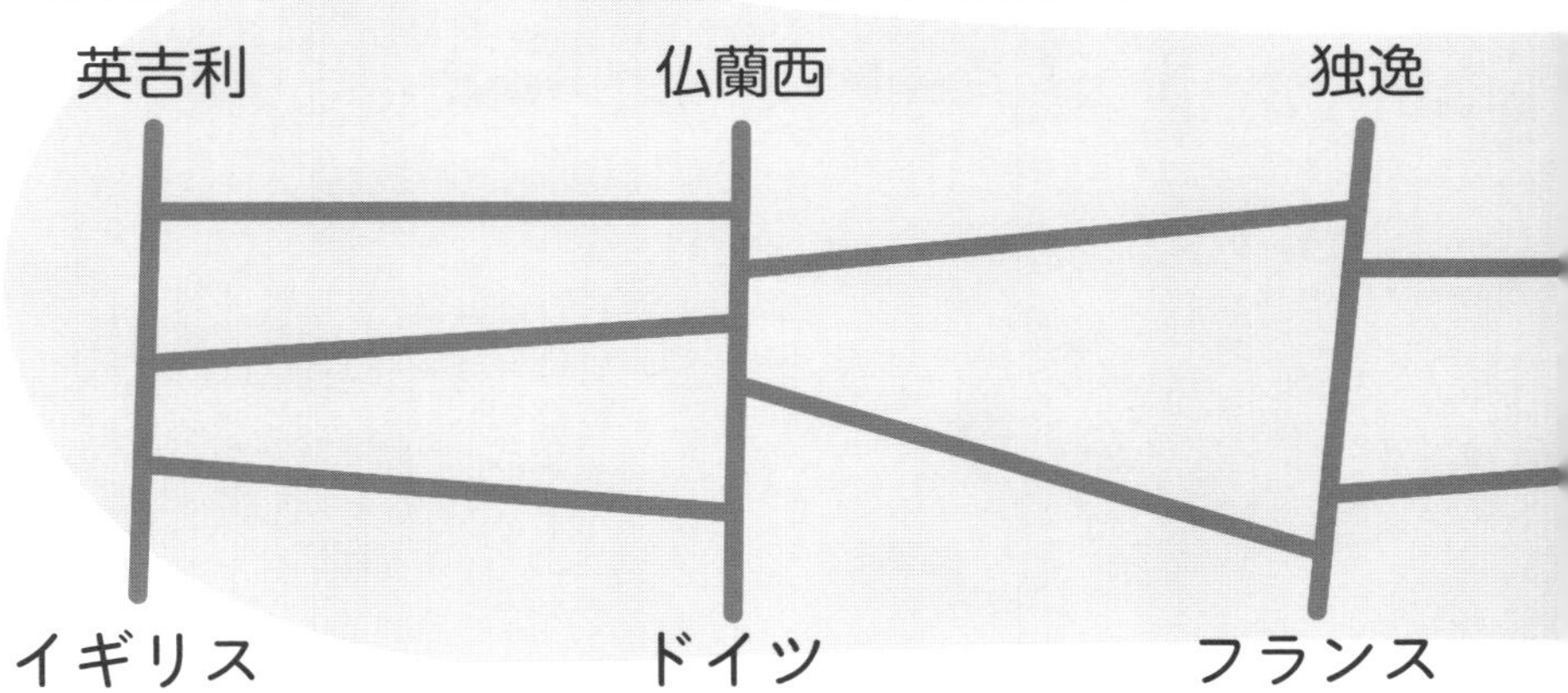

日本でいちばん画数の多い漢字《かんじ》は

こんな字

雲
雲龍雲
龍龍

84画！
「たいと」と
読むよ。

「画数」は漢字《かんじ》の線や点の数です。学校でも学年が上がるとだんだん画数の多い漢字《かんじ》を習《なら》うようになります。小学校で習《なら》う漢字《かんじ》でいちばん画数が多いのは「議《ぎ》」など20画の字。おぼえるのがちょっと大変《たいへん》ですね。

ところが、世《よ》の中《なか》にはもっともっと画数の多い漢字《かんじ》があります。日本の図書館《としょかん》などでしらべられる範囲《はんい》では、「𱁬《たいと》」という字の画数がいちばん多いようです。この字は「雲」という字が3つ、「龍《りゅう》」という字が3つ組み合わさった字で、なんと84画もあるのです。漢字練習帳《かんじれんしゅうちょう》の1ますに入りきらなそう……。

漢字《かんじ》はもともと中国から伝《つた》わってきた字ですが、この「𱁬《たいと》」という字は、日本でつくられた字だと考えられています。人の名前を表《あらわ》すのに使《つか》われたようですが、現在《げんざい》の日本では、この漢字《かんじ》を名前に使《つか》うことはできません。残念《ざんねん》!?

「カボチャ」という名前は「カンボジア」という国の名前から

スーパーの広告《こうこく》などで「南瓜」という字を見たことがあるでしょう。なんと読むかわかるかな？　正解《せいかい》は「カボチャ」。どうして「南瓜」を「カボチャ」と読むのでしょうか。

カボチャは16世紀《せいき》ごろに外国から伝《つた》わりました。南のほうの国でとれた瓜《うり》なので「南瓜」と書き、もともとはカンボジアの野菜《やさい》だと伝《つた》えられたため（実際《じっさい》はアメリカ大陸原産《たいりくげんさん》）、「カンボジア」→「カボチャ」と呼《よ》ばれるようになったといわれています。「カボチャ」は日本にやってきたいきさつにちなんだ、日本ならではの名前だったのですね。

今では日本でもおいしいカボチャがたくさんつくられています。でも、名前の由来《ゆらい》を知っていると、日本産《にほんさん》の「カンボジア」だなんて、ちょっとへんな感《かん》じ!?

ちなみに中国でもカボチャは「南瓜」と書くんですって。

カボチャのほかの呼《よ》び方《かた》と由来《ゆらい》

唐茄子《とうなす》

「唐《とう》」は中国をふくむ外国を表《あらわ》した言葉《ことば》で、外国産《がいこくさん》の茄子《なす》に似《に》た野菜《やさい》だったから。

南京《なんきん》

中国の地名。南京《なんきん》からの船で運《はこ》ばれてきた野菜《やさい》だったから。

ボウブラ

ウリ科の植物《しょくぶつ》を意味《いみ》するポルトガル語アボボラに由来《ゆらい》。

ぼくたちはいくつかのルートで日本にやってきて、いろいろな呼《よ》び方《かた》があるのさ。だからその由来《ゆらい》もいろいろあるんだ。

「々」は、読みがないだけじゃなく 漢字《かんじ》でもなかった

「人々」「日々」という言葉《ことば》、読めますか？ 「ひとびと」「ひび」。正解《せいかい》です！ それでは「々」はなんと読みますか？ ほかの字と組み合わさっていないと、なんと読むかわかりませんね。

わからないのもむりはありません。「々」は漢字《かんじ》ではなく、同じ漢字《かんじ》をくりかえすことを表《あらわ》す記号《きごう》。だから漢字《かんじ》のように決《き》まった「読み」はないのです。どの字につくかで読みがかわるので、ひょっとしたらいちばん読むのがむずかしいかも!?

「ノ」と「マ」を組み合わせたような形から、この記号《きごう》を「ノマ」と呼《よ》ぶこともありますが、あだ名のようなもので、正式《せいしき》な呼《よ》び方《かた》ではありません。パソコンなどで入力するときは、「おなじ」と入力して変換《へんかん》すると、変換候補《へんかんこうほ》の中に出てきますよ。

日本人にいちばん多い名字 佐藤《さとう》さんの「藤《とう》」は どの家系《かけい》かを表《あらわ》す文字だった

クラスに同じ名字の人が２人いる、ということがありますね。名前を呼《よ》ばれたときに同時に返事《へんじ》をしてしまって、「どっち!?」なんていうことも。「クラスに２人」になりがちなのはどんな名字でしょう。

日本でいちばんたくさんある名字は「佐《さ》藤《とう》」さんです。名字の調《ちょう》査《さ》はいくつかおこな

われていて、調査《ちょうさ》によってランキングは少しずつちがうのですが、佐藤《さとう》さんはどの調査《ちょうさ》でも安定《あんてい》の1位《い》。佐藤《さとう》さんは、「クラスに2人」の可能性《かのうせい》が高いということですね。

佐藤《さとう》さんの「藤《とう》」は、平安時代《へいあんじだい》に最《もっと》も力をもっていた藤原氏《ふじわらし》の「藤《ふじ》」です。たくさんいる藤原一族《ふじわらいちぞく》のどの家系《かけい》かを表《あらわ》すために、「藤《ふじ》」を入れた新しい名字を名乗《なの》ったため、「〇藤《とう》」という名字がいくつもできたと考えられています。「伊藤《いとう》」「加藤《かとう》」などもランキングの上位《じょうい》に入っていますよ。

National Language

見分けにくさナンバーワン？

「柿」と「杮」は

そっくりだけどちがう字

「柿」と「杮」はとてもよく似《に》ていますが、ちがう字です。どこがちがうのかな？ よーく見てください。ちがうところがみつかりましたか？

つくり（漢字《かんじ》の右がわ）がちがいますね。「柿」のほうは「市」という字ですが、「杮」のほうは、つくりの1画目が点ではなく、たてにつきぬけています。「柿」は果物《くだもの》の「かき」で、「杮」は「こけら」と読み、木のけ

杮
こけら

柿
かき

ずりかすのこと。それぞれ別《べつ》の読みと意《い》味《み》をもつ漢《かん》字《じ》なのですが、見た目がそっくりすぎて、見分けにくい字ナンバーワンまちがいなしです。

「柿《こけら》」の字はよく「柿《こけら》落《お》とし」という表《ひょう》現《げん》で使《つか》われます。新しくできた劇《げき》場《じょう》ではじめての公《こう》演《えん》を意《い》味《み》する言《こと》葉《ば》です。工《こう》事《じ》中《ちゅう》についた木のけずりかすをきれいにはらい落《お》として、完《かん》成《せい》した建《たて》物《もの》をおひろめしたことがもとになっています。

似《に》ている字いろいろ

土（つち）
士（し＝男の人という意《い》味《み》）
横棒《よこぼう》の長さがちがう

日（ひ・にち）
曰（いわく＝言うという意《い》味《み》）
真《ま》ん中《なか》の横棒《よこぼう》の右はしが少しはなれている。

己（おのれ＝自分という意《い》味《み》）
已（い＝すでにという意《い》味《み》）
巳（み＝十二支《じゅうにし》のへび）
3画目が1画目と、はなれている、少しはなれている、ついている。

鳥（とり）
烏（からす）
横棒《よこぼう》が1本少ない。

漢字《かんじ》クイズ

1

99歳《さい》のお祝《いわ》いは
1～3のどれ？

① 白寿《はくじゅ》

② 米寿《べいじゅ》

③ 還暦《かんれき》

2

「倫敦」の読みは
1～3のどれ？

① ローマ

② パリ

③ ロンドン

3

「洋琴」の読みは
1～3のどれ？

① オルガン

② ピアノ

③ ハープ

4

漢字《かんじ》でハリセンボンは
1～3のどれ？

① 虎魚　② 雨虎

③ 魚虎

答えは127ページ

意外《いがい》な事実《じじつ》がある！
あの言葉《ことば》

便利《べんり》な文具《ぶんぐ》「シャープペンシル」は英語《えいご》じゃない！

シャープペンシルは使《つか》っていますか？　いつでもとがったしんで書けるし、けずりかすが出ないのも便利《べんり》ですね。縮《ちぢ》めて「シャーペン」と呼《よ》んでいる人もいるかもしれません。とがった（シャープな）えんぴつ（ペンシル）だから「シャープペンシル」。もちろん英語《えいご》でしょ、

と思いきや、この呼《よ》び方《かた》は日本のオリジナルです。今から200年くらい前にアメリカで初《はじ》めて発売《はつばい》されたときの商品名《しょうひんめい》は「エバーシャープ」(いつでもとがっている)です。その後、日本では「エバー・レディー・シャープペンシル」という商品名《しょうひんめい》で発売《はつばい》され、そこから今の「シャープペンシル」という呼《よ》び方《かた》が広まりました。このような、英語《えいご》を使《つか》って日本でつくった独自《どくじ》の言葉《ことば》を「和製英語《わせいえいご》」といいます。

シャープペンシルを英語《えいご》で言うときは、「メカニカルペンシル」と言いましょう。「機械式《きかいしき》のえんぴつ」という意《い》味《み》です。

National Language

1年中あるのに

「ぶらんこ」は春を表《あらわ》す季語《きご》

公園や校庭《こうてい》の遊具《ゆうぐ》としておなじみのぶらんこ。天気さえよければ1年中いつでも遊《あそ》べますね。でも、俳句《はいく》で使《つか》われる季節《きせつ》の言葉《ことば》「季語《きご》」では、「ぶらんこ」は春の言葉《ことば》とされています。どうしてかな？

大昔《おおむかし》の中国に、春の行事《ぎょうじ》で女性《じょせい》がぶらんこをこぐという習慣《しゅうかん》がありました。ぶらんこをゆらすと太陽《たいよう》の力がよみがえると考えられていたのです。それが日本に伝《つた》わって、1000年ほど前には、朝廷《ちょうてい》の貴族《きぞく》のあいだでぶらんこが春の遊《あそ》びとして親しまれるようになりました。「ぶらんこ」

が春の言葉《ことば》として俳句《はいく》によまれるのは、いちばんはじめのころに「ぶらんこ」にこめられた春という明るい季節《きせつ》への気持《きも》ちが今も大切にされているからです。

　ちなみに、「ぶらんこ」は中国語では「秋千」と書きます。日本では「ふらここ」「ふらんど」「ゆさわり」など、いろいろな呼《よ》び方《かた》があります。

National Language

俳句《はいく》では、「雷《かみなり》」は夏の季語《きご》

「稲妻《いなずま》」はなぜか秋の季語《きご》

ぴかっ、ゴロゴロ！　夕立にあって、どしゃぶりの雨の中を走って家に帰ったという経験《けいけん》、きっとありますよね。夏休みなどに多いのではないでしょうか。「夕立」は俳句《はいく》の夏の季語《きご》です。「稲妻《いなずま》」と「雷《かみなり》」は夕立につきものなので、セットで同じ夏の季語《きご》でもよさそう。それな

のに「稲妻《いなずま》」だけは秋の季《き》語《ご》なのです。
「稲《いな》妻《ずま》」はもとは「稲夫」と書かれました。読みは同じです。古い日本語では「夫《おっと》」と書いて「つま」と読み、男《だん》性《せい》でも女《じょ》性《せい》でも「相《あい》手《て》」を意《い》味《み》しました。夕立のときの光が稲《いね》と結《むす》びついてお米ができる、という発《はっ》想《そう》で「稲《いな》夫《づま》」と呼《よ》ばれたので、お米のとれる秋の季《き》語《ご》になりました。最《もっと》も季《き》節《せつ》をまちがいやすい季《き》語《ご》の1つですが、「稲《いね》」とセットで秋の季《き》語《ご》、とおぼえてください。

「夕立」「雷《かみなり》」「稲妻《いなずま》」のいろいろな呼《よ》び方《かた》

夕立
白雨《はくう》、驟雨《しゅうう》

雷《かみなり》
鳴神《なるかみ》、いかずち、はたた神《がみ》

稲妻《いなずま》
稲夫《いなづま》、稲光《いなびかり》、稲《いね》の妻《つま》、稲《いね》の殿《との》、いなつるび、いなたま

National Language

「ダントツでトップ」「ダントツでビリ」は どちらもまちがった言い方

「ダントツ」という言葉《ことば》を使《つか》いますか？　「ほかとはすごく差《さ》がある」ということをシンプルに表《あらわ》せる言葉《ことば》ですね。でも「ダントツでトップ」「ダントツでビリ」という言い方はどちらもまちがい。どこがいけないのでしょう。

「ダントツ」は「断然《だんぜん》」と「トップ」を組み合わせて縮《ちぢ》めた言い方です。「断然《だんぜん》」はほかとは全然《ぜんぜん》ちがうという意《い》味《み》。「トップ」はいちばん上の意味《いみ》。そう、「ダントツ」にはもともと「トップ」の意味《いみ》が入っているから、「ダントツでトップ」も「ダントツでビリ」もNG《エヌジー》なのです。「ダントツ」はそれだけで「ほかとはずっとはなれていちばん上」という意味《いみ》です。

「ダントツでトップ」のように、1つの表現《ひょうげん》の中で言葉《ことば》の意味《いみ》がだぶってしまう言い方を「重言《じゅうげん》」といいます。「頭痛《ずつう》が痛《いた》い」「車に乗車《じょうしゃ》する」なども「重言《じゅうげん》」。正しくいうとどうなるかな？

ズキズキ

□が痛《いた》い

車に□□

イカやタコ、1杯《ぱい》、2杯《はい》と数えるのは

足をとったときの胴《どう》体《たい》の見た目

魚《さかな》屋《や》さんなどで、イカやタコが「1杯《ぱい》」「2杯《はい》」と数えられているのを聞いたことがありませんか？「杯《はい》」はおわんにもった食《た》べ物《もの》や、コップに入った飲《の》み物《もの》の数え方のはずなのに……。ふしぎですね。

それでは、イカやタコの足をとって、胴《どう》体《たい》だけにしたところを想《そう》像《ぞう》してみましょう。コップやおわんの形に似《に》ていますね。この形から、食《しょく》品《ひん》としてのイカやタコを「杯《はい》」と数えるようになったといわれています。同じように、こうらや貝がらが器《うつわ》のような形をしているカニやアワビも

「杯《はい》」と数えます。なお、イカやタコの足と呼《よ》んでいるところは、正しくは「腕《うで》」です。

　生きているときの動物《どうぶつ》としてのイカやタコは「1匹《ぴき》」「2匹《ひき》」と数えてOK《オーケー》。魚屋《さかなや》さんなどで食《た》べ物《もの》としてあつかわれるときには「1杯《ぱい》」「2杯《はい》」になります。イカやタコなどは特別《とくべつ》な数え方ですが、正しく使《つか》い分《わ》けられたら言葉《ことば》の達人《たつじん》です！

ほかにもあるふしぎな数え方

ウサギ　1羽《わ》

大きな耳が鳥の羽のようだから。

たんす　1棹《さお》

棹《さお》につり下げて運《はこ》んだことから。

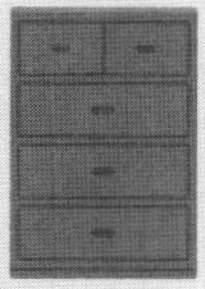

神《かみ》さま　1柱《はしら》

樹木《じゅもく》に神《かみ》さまが宿《やど》ると考えられていたことなどから。

タラコ　1腹《はら》

小さな卵《たまご》の集《あつ》まりなのでおなかにまとまっていた状態《じょうたい》で数える。

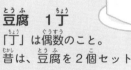

豆腐《とうふ》　1丁《ちょう》

「丁《ちょう》」は偶数《ぐうすう》のこと。昔《むかし》は、豆腐《とうふ》を2個《こ》セットで売ったことから。

「おまえ」は ていねいな呼《よ》び方《かた》だった

だれかに「おまえ」と言われたら、どんな気《き》持《も》ちになるでしょう。なかのいい友だちや家《か》族《ぞく》からだったら気にならないけど、そうでなければちょっとこわい……という人が多いかもしれません。「おまえ」は親しい人や、立場の下の人を呼《よ》ぶときの言《こと》葉《ば》だからですね。

でも、「おまえ」は、ずっと昔《むかし》にはていねいな言《こと》葉《ば》でした。漢《かん》字《じ》で書くと「御《お》前《まえ》」。「御《お》」はていねいな気《き》持《も》ちを表《あらわ》し、立場が上の人に対《たい》する尊《そん》敬《けい》の気《き》持《も》ちをこめた呼《よ》び方《かた》なのです。親しみをこめて使《つか》われるようになったのは、江《え》戸《ど》時《じ》代《だい》の後半からです。

今では、目上の人に「おまえ」なんて言ったら大《たい》変《へん》！一方、決《けっ》闘《とう》のシーンで「あなたをたたきのめしてやる！」なんてセリフがあったらそれもヘンテコ。日本語にはいろいろな表《ひょう》現《げん》があるけど、いちばんぴったりな言《こと》葉《ば》を上《じょう》手《ず》にえらべるようになるといいですね。

National Language

ランドセルの語源《ごげん》は
オランダ語の「ランセル」で
昔《むかし》は兵隊《へいたい》が背負《せお》う布袋《ぬのぶくろ》だった

　ランドセルは使《つか》っていますか？　入学するときに、何色にしようかすごくまよった！　という人もいるのではないでしょうか。

　ランドセルというと今では小学生の通学用のものですが、もともとは江戸《えど》時代《じだい》の終《お》わりごろヨーロッパ式《しき》の軍隊《ぐんたい》をつくったときに、兵隊《へいたい》さんが背負《せお》った布袋《ぬのぶくろ》でした。オランダ語の「ランセル」がなまって「ランドセル」と呼《よ》ばれたこの袋《ふくろ》は、明治時代《めいじじだい》に入ると、学習院《がくしゅういん》の児童《じどう》の通学用かばんとしてもちいられます。その後、黒い革《かわ》でつくられるようになったランドセルは、子どもたちの服装《ふくそう》が和《わ》服《ふく》から洋服《ようふく》にかわっていくのにしたがって、各地《かくち》に広まっていきました。

ランドセルは、子どもが自分の力で勉強《べんきょう》の道具《どうぐ》を持《も》ち、両手《りょうて》は自由《じゆう》に使《つか》える便《べん》利《り》なかばんとして考えられたものです。上手《じょうず》に使《つか》ってくださいね。

National Language

「犬も歩けば棒《ぼう》にあたる」は「いいこと」「悪《わる》いこと」両方《りょうほう》あたる

カルタやことわざで知られる「犬も歩けば棒《ぼう》にあたる」。犬を飼《か》っている人は「犬はそんなにドジじゃないよ～」とわらうかもしれませんが、古くから日本に伝《つた》わる言葉《ことば》です。人が行動《こうどう》するときのことをたとえているのですが、どういう意味《いみ》でしょう。

もともとは、「何か行動《こうどう》をおこすと、不運《ふうん》にあうことがある」という意味《いみ》だったよう

です。「よけいなことはしないほうがいいよ」ということですね。ところが、後に「行動《こうどう》をおこすと、思いがけずいいことがある」という意味《いみ》で広まりました。「とりあえずやってみようよ」というふうにかわっていったのです。

今では1つだけでなく、両方《りょうほう》の意《い》味《み》で使《つか》われている「犬も歩けば棒《ぼう》にあたる」。あなたは歩く派《は》？　歩かない派《は》？

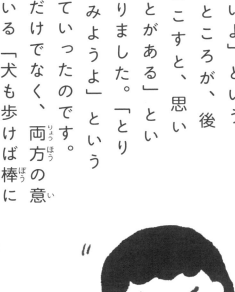

National Language

イケメンを意味《いみ》する「二枚目《にまいめ》」は もとは歌舞伎《かぶき》の言葉《ことば》だった

顔のきれいな男性《だんせい》や、もてる男性《だんせい》のことを「二枚目《にまいめ》」といいますが、どうしていちばんの「一」ではなく「二」なのでしょう。それに、人を「枚《まい》」と数えるって、どういうこと？

「二枚目《にまいめ》」はもともと歌舞伎《かぶき》で使《つか》われていた言葉《ことば》です。歌舞伎《かぶき》にはいろいろなタイプの役者《やくしゃ》がいますが、おしろいで美《うつく》しくけしょうをして恋《こい》の演技《えんぎ》などをする役者《やくしゃ》がいます。こうした役者《やくしゃ》の名前は、芝居小屋《しばいごや》の看板《かんばん》の二枚目《にまいめ》に書かれることが多かったので、美《うつく》しい男役《おとこやく》の役者《やくしゃ》を「二枚《にまい》

目《め》」と呼《よ》ぶようになりました。やがて、役《やく》者《しゃ》にかぎらず美《うつく》しい男《だん》性《せい》、もてる男《だん》性《せい》を二《に》枚《まい》目《め》というようになったのです。

看《かん》板《ばん》は全《ぜん》部《ぶ》で八《はち》枚《まい》目《め》まであり、一《いち》枚《まい》目《め》は主《しゅ》役《やく》、三《さん》枚《まい》目《め》は道《どう》化《け》役《やく》でおもしろいことをしてわらわせる役《やく》、四《よん》枚《まい》目《め》はまとめ役《やく》、五《ご》枚《まい》目《め》は敵《かたき》役《やく》、六《ろく》枚《まい》目《め》はにくめない敵《かたき》役《やく》、七《なな》枚《まい》目《め》は最《さい》強《きょう》の敵《かたき》役《やく》、八《はち》枚《まい》目《め》は芝《しば》居《い》全《ぜん》体《たい》を取《と》り仕《し》切《き》る座《ざ》長《ちょう》の名前が書かれていました。

歌舞伎《かぶき》が語源《ごげん》の言葉《ことば》いろいろ

どんでんがえし
逆転《ぎゃくてん》すること。舞台《ぶたい》の大《おお》道具《どうぐ》をひっくりかえして場面《ばめん》をかえたことから。

黒幕《くろまく》
表《おもて》に出ないで指図《さしず》をする人。舞台《ぶたい》にはった黒い幕《まく》で人をかくしたことから。

めりはり
強弱《きょうじゃく》をはっきりさせること。歌舞伎《かぶき》のセリフの強弱《きょうじゃく》をつける技術《ぎじゅつ》をいった。

市松模様《いちまつもよう》
たがいちがいに色の入った格子模様《こうしもよう》。佐野川市松《さのがわいちまつ》という役者《やくしゃ》がこの模様《もよう》の着物《きもの》をこのんだことから。

十八番《おはこ》
得意《とくい》なものごと。歌舞伎《かぶき》の市川家《いちかわけ》が得《とく》意《い》とする演目《えんもく》が18あり、その台本を箱《はこ》に入れて大事《だいじ》にしたことから。

National Language

りっぱな日本刀には「折紙《おりがみ》」がついていた

折《お》紙《がみ》はすきですか？　ツルやカエルなど、定《てい》番《ばん》のものはおり方をおぼえてしまっている人も多いかもしれませんね。日本に古くから伝《つた》わっている遊《あそ》びです。

昔《むかし》、武《ぶ》士《し》が刀を使《つか》っていたころ、りっぱな刀には折《おり》紙《がみ》がついていました。ストラップやキーホルダーみたいに、折《おり》紙《がみ》のツルやカエルがついていた……というわけではありません。この「折《おり》紙《がみ》」とは美《び》術《じゅつ》品《ひん》や刀の「鑑《かん》定《てい》書《しょ》」「証《しょう》明《めい》書《しょ》」のことで、2つおりにされた紙です。刀の場合は、専《せん》門《もん》家《か》が刀の銘《めい》（ブランド名）、サイズなどをしらべて価《か》格《かく》を決《き》め、その結果《けっか》を書き記しました。どれがいちばんいい刀かを知るには、この「折《おり》紙《がみ》」を確認《かくにん》すればよかったわけです。大事《だいじ》な書類《しょるい》なので、ツルをおって遊《あそ》んだりしたらしかられちゃうかも!?

この「折紙《おりがみ》」をつける習《しゅう》慣《かん》から、「折紙《おりがみ》つき」という言葉《ことば》が生まれ、今でも「よいと保証《ほしょう》されているもの」という意味《いみ》で使《つか》われています。

National Language

「こそこそ」を「そこそこ」と言う地域《ちいき》がある

「ばたばた」「ぽろぽろ」「きらきら」。こんな言葉《ことば》を、ふだんのおしゃべりや作文でよく使《つか》っていると思います。物音《ものおと》やようすをまねて表《あらわ》したこれらの言葉《ことば》は「オノマトペ」（擬《ぎ》音《おん》語《ご》・擬《ぎ》態《たい》語《ご》）と呼《よ》ばれます。

かわいていたら「かさかさ」、しめっていたら「じめじめ」など、パターンが決《き》まっているよ

うに思いがちですが、地域《ちいき》によってちがう場合があります。

例《たと》えば、ないしょで何かをするようすの「こそこそ」というオノマトペは、東北地方の一部《いちぶ》では「そこそこ」とひっくりかえして言います。鼓動《こどう》がはげしく打《う》つ状態《じょうたい》の「どきどき」を、「かがかが」と表《あらわ》す地域《ちいき》もあります。痛《いた》いくらいの胸《むね》のどうきが伝《つた》わってきますね。

世界《せかい》で最《もっと》もオノマトペが多いといわれているのは韓国語《かんこくご》ですが、日本語もオノマトペのとても多い言語です。みなさんも、「どしどし」使《つか》ってください。

National Language

カタツムリには 呼《よ》び方《かた》が２４０種類《しゅるい》もある!?

童謡《どうよう》「かたつむり」の出だしの歌詞《かし》「デンデンムシ」と「カタツムリ」。同じ生《い》き物《もの》の名前、と知っている人が多いですよね。では、ほかの呼《よ》び方《かた》も知っていますか？

柳田国男《やなぎたくにお》という学者《がくしゃ》がしらべたところ、「カタツムリ」の呼《よ》び方《かた》は地域《ちいき》によってちがい、日本全国《にほんぜんこく》で２４０種類《しゅるい》ほどありました。大きく分けると「ナメクジ」「ツブリ」「カタツムリ」「マイマイ」「デデムシ」の５タイプで、ちょっとずつちがう名前がたくさんあります。中には「カサンドー」「ツノダイロ」のような個性的《こせいてき》な名前も。カタツムリは別《べつ》名《めい》の数日本一の生《い》き物《もの》といってよさそうです。柳《やなぎ》田《た》のこの調《ちょう》査《さ》は『蝸《か》牛《ぎゅう》考《こう》』という本にまとめられています。100年ほど前の調《ちょう》査《さ》なので、今では呼《よ》び方《かた》がかわっている地《ち》域《いき》もあるかもしれません。ちなみに、「蝸《か》牛《ぎゅう》」も「カタツムリ」の古い呼《よ》び方《かた》です。

ここが「蝸《か》牛《ぎゅう》」と呼《よ》ばれる器《き》官《かん》。形がカタツムリに似《に》ていることに由《ゆ》来《らい》する。

節《せつ》分《ぶん》の豆《まめ》まきで

「鬼《おに》は内、福《ふく》は外」の地《ち》域《いき》がある

節《せつ》分《ぶん》のとき、「鬼《おに》は外！　福《ふく》は内！」と大きな声をかけながら豆《まめ》をまきますね。ところが、正《せい》反《はん》対《たい》に「鬼《おに》は内、福《ふく》は外」と言うところもあるのです。どうして鬼《おに》を中に入れて、福《ふく》を追《お》い出《だ》してしまうのでしょう。

京《きょう》都《と》府《ふ》福《ふく》知《ち》山《やま》市《し》にある大《おお》原《ばら》神《じん》社《じゃ》の節《せつ》分《ぶん》祭《さい》では、「鬼《おに》は内、福《ふく》は外」と言いながら豆《まめ》をまく習《しゅう》慣《かん》があります。これは、鬼《おに》を神《じん》社《じゃ》の中に入れて心をあらためさせ、福《ふく》を神《じん》社《じゃ》から各《かく》家《か》庭《てい》に送《おく》り出《だ》すためといわれています。そのほかにも、地名に「鬼《おに》」が入っているのにちなんで、節《せつ》分《ぶん》の日に追《お》い出《だ》される鬼《おに》を受《う》け入《い》れるために「福《ふく》は内、鬼《おに》も内」と言う（群《ぐん》馬《ま》県《けん》藤《ふじ》岡《おか》市《し》鬼《おに》石《し》地《ち》域《いき》）など、地《ち》域《いき》独《どく》自《じ》の豆《まめ》まきのかけ声があるようです。節《せつ》分《ぶん》の日に食べる物《もの》などの習《しゅう》慣《かん》も地《ち》域《いき》によってちがいがあります。みなさんも地元の節《せつ》分《ぶん》ルールをしらべてみたら、おもしろい発《はっ》見《けん》があるかもしれませんよ。

いろいろな節分《せつぶん》ルール

北海道《ほっかいどう》、東北地方など

大豆《だいず》ではなく落花生《らっかせい》をまく。

宮崎県《みやざきけん》の一部《いちぶ》

家の外の物《もの》を中にしまう。

四国地方

こんにゃくを食べる。

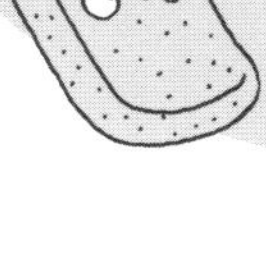

静岡県《しずおかけん》の一部《いちぶ》

厄年《やくどし》の人がいる家では、なたもち（きなこもち）をつくって近所《きんじょ》にくばる。

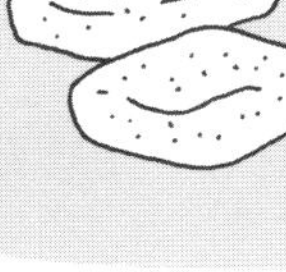

「やばい」は江戸《えど》時代《じだい》にルーツのある古い言葉《ことば》でよくない意味《いみ》だけで使《つか》われた

「算数のテスト、やばかった！」「この曲《きょく》、やばいね」。みなさんは「やばい」という言葉《ことば》を、よい意味《いみ》、悪《わる》い意《い》味《み》の両方《りょうほう》で自然《しぜん》に使《つか》い分《わ》けていると思います。ですが、「やばい」をよい意《い》味《み》で使《つか》うようになったのは、つい最近《さいきん》のこと。2000年前後から若者《わかもの》のあいだで、「やばい」という言葉《ことば》がよい意《い》味《み》で使《つか》われるようになりました。

「やばい」の歴史《れきし》は古く、江戸時代《えどじだい》にもとに「やば」という形で使《つか》われたのがもとになっています。「やば」は、違反《いはん》していたり危険《きけん》だったりして都合《つごう》が悪《わる》いことを意味《いみ》しました。やがて、どろぼうなどがつかまりそうなピンチの状態《じょうたい》を「やばい」と言うようになり、それが一般《いっぱん》に広まりました。だから「危険《きけん》が予想《よそう》される感《かん》じ」だけを意味《いみ》していたのです。

年配《ねんぱい》の人には、今も悪《わる》いほうの意味《いみ》だけで理解《りかい》する人もいるので、「その服《ふく》、やばいですね」ではなく、「その服《ふく》、すてきですね」とほめましょう。

おみくじの「○吉《きち》」「△吉《きち》」運勢《うんせい》がよい順番《じゅんばん》は決《き》まっていない

おみくじを引いたとき、「大吉《だいきち》」だったら「やったね！」となるけど、「小吉《しょうきち》」だと「まあまあかな……」くらいでしょうか。じゃあ、「末吉《すえきち》」だったら？　あれ、「小吉《しょうきち》」と「末吉《すえきち》」ってどっちがいいのかな？

実《じつ》は、おみくじの順番《じゅんばん》に「これが決定版《けっていばん》」というものはありません。神社《じんじゃ》によってちがっていて、「大吉《だいきち》↓吉《きち》↓中《ちゅう》吉《きち》↓小吉《しょうきち》↓末吉《すえきち》」という神社《じんじゃ》もあれば、「大吉《だいきち》↓中吉《ちゅうきち》↓小《しょう》吉《きち》↓吉《きち》↓末吉《すえきち》」という神社《じんじゃ》もあるし、さらに「半吉《はんきち》」「末《すえ》小吉《しょうきち》」なんていう種類《しゅるい》があるところも、反対《はんたい》にずっと種類《しゅるい》が少ないところもあります。

でも、ラッキーの順番《じゅんばん》にはあまりこだわらなくていいかもしれません。おみくじでいちばん大切なのは、小さな字で書いてあるアドバイスのほう。「努力《どりょく》をすれば実《みの》る」とか、「人との縁《えん》を大切に」などの言葉《ことば》が毎日のすごし方のヒントになりますよ。

「ネタ」という言葉《ことば》は もともと「種《たね》」だった

「『てぶくろ』を逆《ぎゃく》から言ってみて」と言われたから「ろくぶて」と答えたら、「『6ぶて』って言ったね」と6回ぶたれた！　ということ、ありませんか？　言葉《ことば》を使《つか》ったいたずらですが、このようなひっくりかえしで逆《ぎゃく》から読んだ言葉《ことば》を「倒語《とうご》」といいます。

倒語《とうご》には「種（たね）」をひっくり返《かえ》した「ネタ」、「宿（やど）」をひっくりかえした「ドヤ」、「場所（ばしょ）」をひっくりかえした「ショバ」などがあります。仲間《なかま》どうしの結《むす》びつきを強めるために、ほかの人にわからない自分たち独自《どくじ》の言葉《ことば》として使《つか》っていたものですが、一般化《いっぱんか》して「ネタばれ」の「ネタ」のように広く使《つか》われている言葉《ことば》もあります。
　正式《せいしき》な言い方ではないので、あらたまった場では使《つか》わないほうがいい言葉《ことば》です。ひっくりかえさず使《つか》ってくださいね。「てぶくろ」にも注意《ちゅうい》！

ことばで遊《あそ》んでみよう！

イカ ⟷ カイ？

薬《くすり》 ⟷ リスク

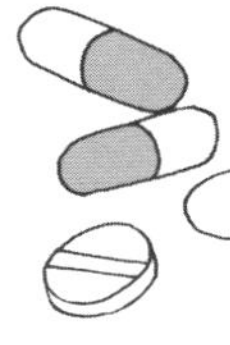

エクレア ⟷ あれ食え！

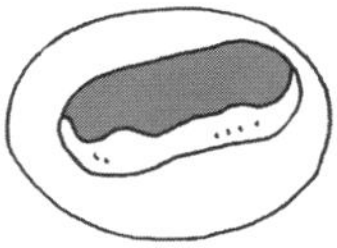

いい国家 ⟷ カッコいい！

National Language

日本語で「美《うつく》しい」を意《い》味《み》する「きれい」は

タイ語では「みにくい」を意《い》味《み》する

明るい月や満《まん》開《かい》の花を見ると、思わず「きれい！」といいますね。でもタイに行ったときはご用心。タイ語では「キーレー」と発《はつ》音《おん》する単《たん》語《ご》は「みにくい」という意《い》味《み》なのです。

ほかにも、同じような発《はつ》音《おん》の外国語の単《たん》語《ご》が、まったくちがう意《い》味《み》をもっているということがあります。タイ語で「こんにちは」を意《い》味《み》する女《じょ》性《せい》が使《つか》う言《こと》葉《ば》「サワディーカー」は、日本語で「さわっていいか」と言っているように聞こえます。イタリア語《ご》で「食《しょく》堂《どう》」を意《い》味《み》する「タベルナ」は、日本語の「食べるな」に似《に》ています。「コンクラーベ」というからがまん大会かと思えば、ローマ教皇《きょうこう》の選挙《せんきょ》を意味《いみ》するイタリア語です。この選挙《せんきょ》は昔《むかし》は数か月かかることもあったといわれ、ほんとうにがまん大会のようだったかもしれませんね。

同じ発音《はつおん》なのに意味《いみ》がちがうなんてこまった偶然《ぐうぜん》ですが、そういう言葉《ことば》はいちばんおぼえやすい言《こと》葉《ば》でもあります。「日本語ではちがう意味《いみ》なんですよ」と説明《せつめい》したら、楽しいおしゃべりのきっかけにもなるかも。

National Language

アメリカ国務省《こくむしょう》が習得難易度《しゅうとくなんいど》を最高《さいこう》と認定《にんてい》した言語は

日本語

アメリカ国務省《こくむしょう》が公表《こうひょう》した、言語《げんご》習得難易度《しゅうとくなんいど》ランキングでは、日本語は最高難度《さいこうなんど》にランキングされています。それはなぜでしょう。その理由《りゆう》の1つは文字の種類《しゅるい》の数にあります。

「わたしたちは、A《エー》チームとB《ビー》チームに分かれて試合《しあい》をしました。」

この文章《ぶんしょう》を見て、何か気づくことはありますか？

漢字《かんじ》、ひらがな、カタカナ、ローマ字の4種類《しゅるい》の文字が使《つか》われていますね。「それがどうしたの？」と思うかもしれませんが、このようにいろいろな種類《しゅるい》の文字を組み合わせて文章《ぶんしょう》を書《か》き表《あらわ》すのは、日本語ならではの特徴《とくちょう》なのです。例《たと》えば英語《えいご》ならA《エー》からZ《ズィー》までのローマ字だけを使《つか》って書《か》き表《あらわ》します。中国語は漢字《かんじ》、韓国《かんこく》や北朝鮮《きたちょうせん》の言葉《ことば》はハングルと呼《よ》ばれる文字で表《あらわ》し、ローマ字などはあまり混《ま》ぜません。

日本語の混《ま》ぜ書《が》きは、外国から入ってきた言葉《ことば》をそのまま取《と》り入《い》れて使《つか》うのにとても便利《べんり》です。たくさんの字をおぼえるのは大変《たいへん》だけど、使《つか》いこなせるようにがんばろう！

暴力《ぼうりょく》よりひどいことは、だまっていること!?

キング牧師《ぼくし》（マーティン・ルーサー・キング）は、アメリカの牧師《ぼくし》で、黒人《こくじん》解放運動《かいほううんどう》の指導者《しどうしゃ》。当時、差別《さべつ》を受《う》けていた黒人《こくじん》の権利《けんり》と自由《じゆう》をもとめて、暴力《ぼうりょく》を用いない運動《うんどう》を指導《しどう》し、1964年にノーベル平和賞《へいわしょう》を受賞《じゅしょう》した。

キング牧師《ぼくし》を知っていますか？　1950年ごろのアメリカで人種差別《じんしゅさべつ》をなくす活動《かつどう》を指導《しどう》した人です。この活動《かつどう》でたくさんの演説《えんぜつ》をおこなったキング牧師《ぼくし》は、演説《えんぜつ》の名手としても知られています。

キング牧師《ぼくし》の有名《ゆうめい》な言葉《ことば》の１つに「最大《さいだい》の悲劇《ひげき》は、悪人《あくにん》の圧制《あっせい》や残酷《ざんこく》さではなく、善人《ぜんにん》の沈黙《ちんもく》である」があります。悪《わる》い人が暴力《ぼうりょく》などで人の自由《じゆう》をうばったりきずつけたりすることよりも、よい人が何も言わずにだまっていることのほうがずっとひどい、ということです。

例《たと》えば、だれかがたたかれているときに、まわりの人がだまって見ているだけだったら？　そんなふうに見すごされることは、たたかれている人をより深《ふか》くきずつけるかもしれません。正しいと思うことや、やさしい気持《きも》ちを言葉《ことば》にするのは、時々《ときどき》とても勇気《ゆうき》がいるもの。でも、キング牧師《ぼくし》の時代《じだい》も今も、そんな勇気《ゆうき》ある言葉《ことば》が必要《ひつよう》とされています。

楽しい！
本・文学の世界《せかい》

National Language

『ハーメルンの笛《ふえ》ふき男《おとこ》』の物語《ものがたり》は ほんとうにあった 事件《じけん》がもとになっている!?

『ハーメルンの笛《ふえ》ふき男《おとこ》』という物語《ものがたり》を知っていますか？ドイツのハーメルンという町で大発生《だいはっせい》したネズミを、ある男が笛《ふえ》をふいておびきよせ退治《たいじ》します。お礼《れい》に金貨《きんか》をもらえるはずだったのに、町の人はやくそくを守《まも》りません。腹《はら》を立《た》てた男は笛《ふえ》をふいて町中の子どもたちを集《あつ》めると、子どもたちをつれて町から消《き》えてしまった、という不気味《ぶきみ》なお話です。

笛《ふえ》をふいてネズミを集《あつ》めるなんていかにも童話《どうわ》とい

う感《かん》じですね。ところが、これはほんとうにおこった事件《じけん》にもとづいたお話。１２８４年にハーメルンで１３０人の子どもが男につれられていなくなったのです。その後、ヨーロッパではペストという感染症《かんせんしょう》が流行《りゅうこう》しました。ペストは感《かん》染力《せんりょく》が強く亡《な》くなる人も多かったので、最《もっと》もおそれられていた病気《びょうき》ですが、ペストの感染《かんせん》を広げていたのがネズミでした。『ハーメルンの笛《ふえ》ふき男《おとこ》』は、ほんとうにおきた事件《じけん》や身近《みぢか》な病気《びょうき》へのおそれが重《かさ》なって、長く語りつがれたのでしょう。

短《みじか》い詩《し》ナンバーワンは「●」1文字しかない

17音でつくる俳句《はいく》は、世界《せかい》でいちばん短《みじか》い詩《し》といわれますが、もっと短《みじか》い詩《し》があります。たった1文字、しかも「●」1つの詩《し》です。

それは草野心平《くさのしんぺい》の「冬眠《とうみん》」という詩《し》。カエルの詩《し》ばかりを集《あつ》めた詩集《ししゅう》『定本蛙《ていほんかえる》』におさめられています。この詩《し》集《しゅう》には、にぎやかに鳴くカエル、ヘビに飲《の》みこまれておなかの中にいるカエルなど、さまざまなカエルの詩《し》がならんでいますが、「冬眠《とうみん》」はその最後《さいご》のほうにあります。「もうすぐ土の中だね。／土の中はいやだね。」というカエルのおしゃべりの詩《し》「秋の夜の会話」のあとに、「冬眠《とうみん》」というタイトルと「●」が1つ。カエルの冬眠《とうみん》の詩《し》だということはわかりますが、「●」は何を意《い》味《み》するのでしょう。カエルが冬眠《とうみん》している穴《あな》？　丸くなってねむるカエルのすがた？　カエルの1年がここで終《お》わりという「ピリオド」？　いろいろな意《い》見《けん》があり、正《せい》解《かい》はわかりません。この詩《し》は世《せ》界《かい》でいちばん短《みじか》く、また世《せ》界《かい》でいちばん想《そう》像《ぞう》の広がる詩《し》といえるかもしれません。みなさんは「●」はどんな意《い》味《み》だと思いますか？

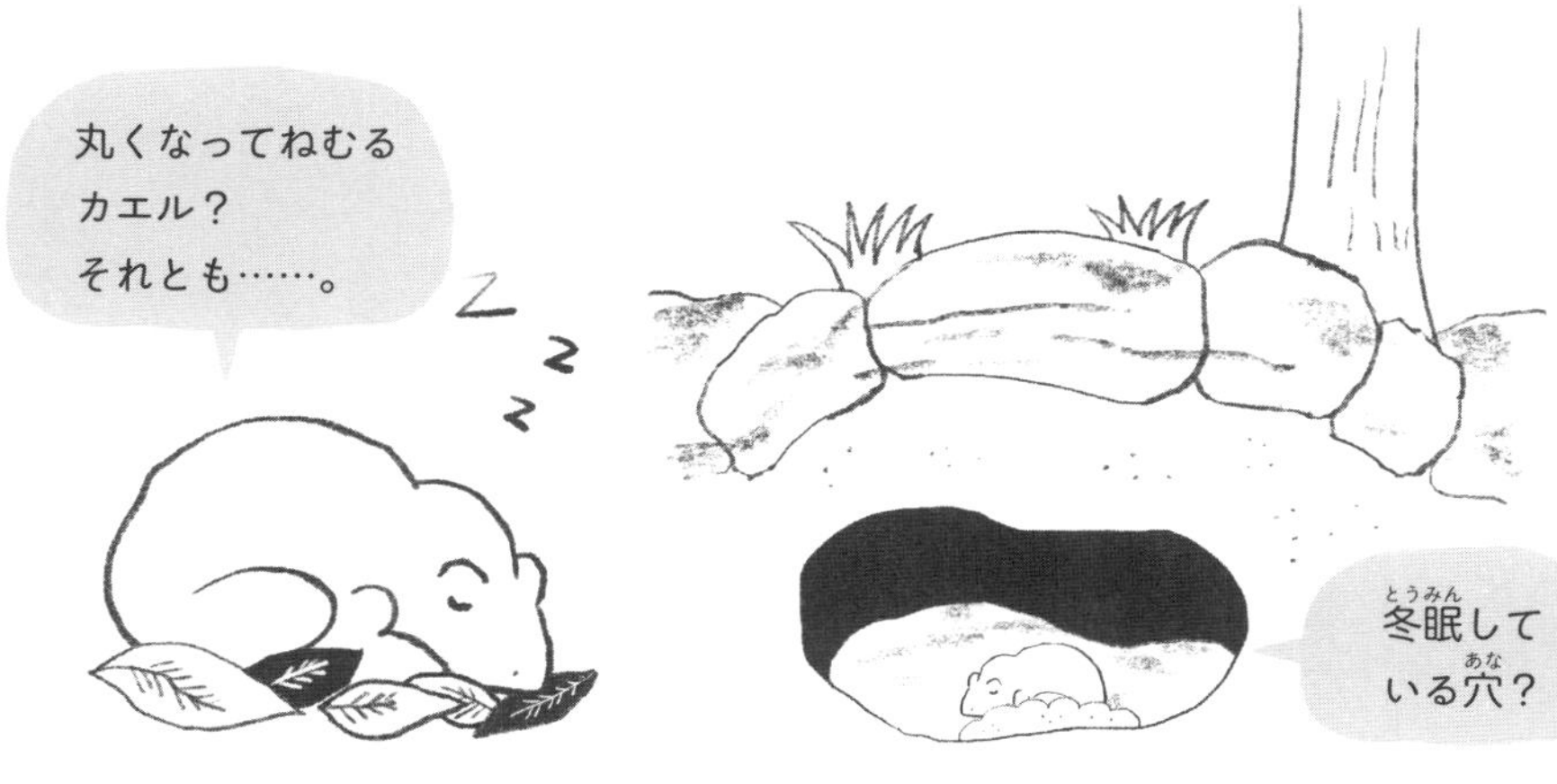
丸くなってねむるカエル？それとも……。
冬眠《とうみん》している穴《あな》？

National Language

ひらがな3文字、漢字《かんじ》1文字

4つの文字でよまれた和《わ》歌《か》がある

31文字でつくられた日本の詩《し》を和《わ》歌《か》といいます。「百《ひゃく》人《にん》一《いっ》首《しゅ》」で知ってるよ、という人もいるかも。かぎられた字数の中にすてきな景《け》色《しき》や自分の気《き》持《も》ちをぎゅっととじこめた詩《し》です。

この和《わ》歌《か》に、たった4つの文字で「月が明るいなあ」としかよまれていない、風がわりなものがあります。

あかあかや　あかあかあかや　あかあかや
あかあかあかや　あかあかや月

今の言葉《ことば》にすると「明るいなあ、ああ明るいなあ明るいなあ、明るい明るい、明るいよ月は」という感《かん》じです。大昔《おおむかし》からたくさんつくられてきた和歌《わか》の中でたぶんいちばんシンプルな和《わ》歌《か》。この歌をつくったのは800年ほど前にかつやくした和《わ》歌《か》の名人、明《みょう》恵《え》上人《しょうにん》です。言葉《ことば》をなるべく使《つか》わないことで、明るくてきれいな月を「言葉《ことば》にならないほどすばらしい」と表《あらわ》したかったのかもしれませんね。明《みょう》恵《え》上《しょう》人《にん》が長く住《じゅう》職《しょく》をつとめた高《こう》山《さん》寺《じ》は世《せ》界《かい》遺《い》産《さん》に登《とう》録《ろく》されていて、動《どう》物《ぶつ》を擬《ぎ》人《じん》化《か》した絵『鳥《ちょう》獣《じゅう》人《じん》物《ぶつ》戯《ぎ》画《が》』（86ページ）や日《に》本《ほん》最《さい》古《こ》の茶園でも知られています。

明恵上人《みょうえしょうにん》プロフィール

- ●職業《しょくぎょう》……………お坊《ぼう》さん
- ●趣味《しゅみ》……………和歌《わか》
- ●すきな動物《どうぶつ》……犬
- ●健康法《けんこうほう》…………お茶を飲《の》む
- ●行きたい場所《ばしょ》…インド

National Language

世界《せかい》でいちばん長い小説《しょうせつ》は
文庫本《ぶんこぼん》で7900ページ以上《いじょう》

今までに読んだことのある長い物語《ものがたり》は何ですか？　子ども向《む》けの本でも、ファンタジーなどのシリーズ物《もの》で長い物語《ものがたり》があり、最後《さいご》まで読みきるのは大人《おとな》でもなかなか大変《たいへん》です。全部《ぜんぶ》読んだよ、という人、すごい！

ギネス世界記録《せかいきろく》に認定《にんてい》されている世界《せかい》でいちば

ん長い小説《しょうせつ》は、『失《うしな》われた時を求《もと》めて』という小《しょう》説《せつ》です。この小説《しょうせつ》は「マドレーヌ」というおかしとペアで有名《ゆうめい》。主人公《しゅじんこう》がマドレーヌを食べたことをきっかけに昔《むかし》を思い出し、長い長い思い出を語るという内容《ないよう》です。作者《さくしゃ》はフランスの作家、マルセル・プルースト。日本語に翻訳《ほんやく》された全《ぜん》14巻《かん》の文庫本《ぶんこぼん》（岩波書店《いわなみしょてん》）のページ数をすべて足すと、7974ページになります。ページをめくるだけでもくたびれてしまいそうだけど、いつか挑戦《ちょうせん》してみては⁉

日本でいちばん古い物語《ものがたり》は かぐや姫《ひめ》で知られる『竹取物語《たけとりものがたり》』

「むかしむかし、あるところに……」で始《はじ》まる昔《むかし》ばなしなど、日本にはいろいろな物語《ものがたり》がありますが、いちばん古い物語《ものがたり》は何か、知っていますか？

最《もっと》も古い日本の物語《ものがたり》は「かぐや姫《ひめ》」のお話として知られる『竹取物語《たけとりものがたり》』。今から1100年《ねん》以上《いじょう》前《まえ》に書かれたと考えられています。作者《さくしゃ》はわかっていません。

『竹《たけ》取《とり》物《もの》語《がたり》』より古い文学もありますが、それらは『古事記《こじき》』のような神話《しんわ》、言《い》い伝《つた》えなどをまとめたものや、短《みじか》い詩《し》である和歌《わか》など。想像《そうぞう》で登場《とうじょう》人物《じんぶつ》やあらすじをつくった物語《ものがたり》としては、『竹《たけ》取《とり》物《もの》語《がたり》』より古いものはみつかっていません。かぐや姫《ひめ》は、物語《ものがたり》の大せんぱいだったのですね。

　ちなみに、日本《にほん》独自《どくじ》の詩《し》である和歌《わか》は、『竹《たけ》取《とり》物《もの》語《がたり》』よりずっと昔《むかし》からつくられています。いちばん古い和歌《わか》の作者《さくしゃ》は、スサノオノミコトという神《かみ》さまだと伝《つた》えられているんですよ。

National Language

世界《せかい》でいちばん古い長編《ちょうへん》小説《しょうせつ》は日本の『源氏物語《げんじものがたり》』

日本で文字が書かれるようになったのは、400～500年ごろと考えられています。世界《せかい》では紀元前《きげんぜん》3000年ごろから文字を使《つか》っていた地域《ちいき》もあるので、日本の文字デビューはだいぶおそかったことになります。ところが、その文字を使《つか》って書かれた長編小説《ちょうへんしょうせつ》で世界一古《せかいいちふる》いものは、日本の作品《さくひん》なのです。スタートはおそかったのに、おどろきの急成長《きゅうせいちょう》！

世界《せかい》で最《もっと》も古い長編小説《ちょうへんしょうせつ》とされているのは『源氏物語《げんじものがたり》』です。平安時代《へいあんじだい》の半ば、1000年ごろに書かれました。

No.1

天皇《てんのう》の子として生まれた光源氏《ひかるげんじ》という美《うつく》しい皇子《おうじ》が、数々《かずかず》の恋《こい》を経験《けいけん》し、よろこびや試練《しれん》にあいながらすごした生涯《しょうがい》を書き、源氏《げんじ》の死後《しご》には、その子や孫《まご》の物語《ものがたり》がつづきます。54の章《しょう》からなる長い小説《しょうせつ》で、文字数は４００字づめの原稿《げんこう》用紙《ようし》にすると２５００枚《まい》くらいになります。作者《さくしゃ》は紫式部《むらさきしきぶ》という女性《じょせい》で、天皇《てんのう》の后《きさき》につかえながらこの長い小説《しょうせつ》を書きました。『源氏物語《げんじものがたり》』は日本で１０００年以上《いじょう》読みつがれ、今では30以上《いじょう》の言語《げんご》に翻訳《ほんやく》されて、世界中《せかいじゅう》で読まれています。

National Language

小説《しょうせつ》『ロビンソン・クルーソー』の ほんとうのタイトルは

『船が難破《なんぱ》し、ただ一人生きて陸《りく》にたどり着《つ》き、オリノコの大河《たいが》の河口《かこう》近く、南米大陸《なんべいたいりく》沿岸《えんがん》の無人島《むじんとう》で二十八年の歳月《さいげつ》をたった一人で暮《く》らした、ヨークの水夫《すいふ》ロビンソン・クルーソーの人生および驚嘆《きょうたん》すべき冒険《ぼうけん》の数々《かずかず》そしてまた、その後、奇妙《きみょう》な経緯《けいい》により海賊《かいぞく》に助《たす》け出された事実《じじつ》の記録《きろく》　本人著《ほんにんちょ》』

『ロビンソン・クルーソー』（唐戸信嘉《からとのぶよし》訳《やく》、光文社古典新訳文庫《こうぶんしゃこてんしんやくぶんこ》、2018年）

英語《えいご》のタイトル

THE LIFE AND STRANGE SURPRISING
ADVENTURES OF ROBINSON CRUSOE,
OF YORK,MARINER:
Who lived Eight and Twenty Years, all alone in an un-
inhabited Island on the Coast of AMERICA, near the
Mouth of the Great River of OROONOQUE;
Having been cast on Shore by Shipwreck, wherein all the
Men perished but himself.
WITH An Account how he was at last as strangely
delivere'd by PYRATES.
Written by Himself.

『ロビンソン・クルーソー』を知っていますか？　無人島《むじんとう》に流《なが》れ着《つ》いた船乗《ふなの》りロビンソンの物語《ものがたり》です。イギリスの小説家《しょうせつか》ダニエル・デフォーの作品《さくひん》で、世界中《せかいじゅう》で親しまれています。

この作品《さくひん》、今では『ロビンソン・クルーソー』と呼《よ》ばれることが多いのですが、もともとの英語《えいご》のタイトルは上のようにとても長いものでした。日本語に翻訳《ほんやく》しても右の通りの長さ！　タイトルを読んだだけで、あらすじがだいたいわかってしまいますね。

世界《せかい》にはいろいろな言葉《ことば》があり、文字の数や単語《たんご》の数を比《くら》べるのはむずかしいのですが、日本でよく知られている物語《ものがたり》の中ではこのタイトルがいちばん長そうです。

日本で出版《しゅっぱん》された本を全部《ぜんぶ》集《あつ》めている図書館《としょかん》がある

読みたい本があるのに、本屋《ほんや》さんにも図書館《としょかん》にもないということがありますよね。どこに行けばみつかるかな？日本で出版《しゅっぱん》された本をすべて集《あつ》めている図書館《としょかん》があります。国立国会図書館《こくりつこっかいとしょかん》という、国が運営《うんえい》する図書館《としょかん》です。「日本の出版者《しゅっぱんしゃ》は本をつくったら国立国会図書館《こくりつこっかいとしょかん》におさめること」というルールがあって、日本の本を全部《ぜんぶ》集《あつ》められる仕組《しく》みなのです。ここならどんな本もみつかるはず。

本だけではなく、新聞や雑誌《ざっし》、地図、楽譜《がくふ》なども集《あつ》めています。１９４８年に開館《かいかん》したときから集《あつ》めた資料《しりょう》を全部《ぜんぶ》合わせると、その数はなんと4600万《まん》冊《さつ》以《い》上《じょう》！ もちろん日本でいちばんたくさん本がある図《と》書《しょ》館《かん》です。

国《こく》立《りつ》国《こっ》会《かい》図《と》書《しょ》館《かん》の一《いち》部《ぶ》は「国《こく》際《さい》子《こ》ども図《と》書《しょ》館《かん》」という子ども向《む》けの本を集《あつ》めた図《と》書《しょ》館《かん》。東《とう》京《きょう》都《と》台《たい》東《とう》区《く》上《うえ》野《の》公《こう》園《えん》にあって、だれでも利《り》用《よう》することができます。

National Language

世界《せかい》でいちばん古い図書館《としょかん》の本は 文字をきざんだねんど板《ばん》だった!?

わからないことがあるとき、どうやってしらべますか? インターネットで検索《けんさく》する? 図書館《としょかん》に行く? 今のようにだれもが手軽《てがる》にインターネットを使《つか》えるようになったのは2000年ごろからで、それまでは図書館《としょかん》がたのみの綱《つな》でした。それでは、図書館《としょかん》はいつからあったのでしょうか。

イラクの古い王宮《おうきゅう》の跡《あと》から、文字をきざんだねんど板《ばん》がたくさんみつかりました。ねんど板《ばん》は大昔《おおむかし》に紙のかわりに使《つか》われたもので、いわば本。この王宮《おうきゅう》には本を集《あつ》める場所《ばしょ》があったようなのです。これが世界《せかい》でいちばん古い図書館《としょかん》で、紀元前《きげんぜん》7世紀《せいき》ごろのものだと考えられています。

紙が発明《はつめい》されたのは紀元前《きげんぜん》2世《せい》紀《き》ごろ。紙より先に図書館《としょかん》ができていたなんて意外《いがい》ですね。

世界《せかい》でいちばんたくさん巻数《かんすう》を出しているまんがは日本の『ゴルゴ13《サーティーン》』

子どもから大人《おとな》まで、たくさんのファンのいるまんが『ＯＮＥ ＰＩＥＣＥ《ワンピース》』。発行《はっこう》された単行本《たんこうぼん》は２０２３年の11月までで１０７巻《かん》にもなります。本棚《ほんだな》が『ＯＮＥ ＰＩＥＣＥ《ワンピース》』でいっぱいになっている人もいそうですね。

ところが、『ゴルゴ13《サーティーン》』というまんがは、さらにたくさんの単行本《たんこうぼん》が出ているのです。２０２３年の９月までに２１０巻《かん》発行《はっこう》されていて、これは日本一であるだけでなく、世界一《せかいいち》の巻数《かんすう》です。

本名も年齢《ねんれい》もわからない、なぞめいたスナイパーのかつやくをえがく『ゴルゴ13《サーティーン》』。連《れん》載《さい》が始《はじ》まったのは1968年です。作者《さくしゃ》のさいとう・たかをさんが亡《な》くなったあとも、さいとうさんのプロダクションがまんがを制《せい》作《さく》して連《れん》載《さい》をつづけています。

National Language

日本で最初《さいしょ》のまんがには セリフがなかった

本を読むのはあまりすきじゃないけどまんがはすき、という人はたくさんいます。言葉《ことば》の説明《せつめい》だと少しむずかしく感《かん》じる登場人物《とうじょうじんぶつ》の気持《きも》ちも、まんがなら顔の表情《ひょうじょう》やちょっとした動《うご》きを表《あらわ》す線などから、ぱっと伝《つた》わってきますね。

まんがはいつごろからあったのでしょうか。800年ほど前にかかれ

高山寺《こうさんじ》に伝《つた》わる『鳥獣人物戯画《ちょうじゅうじんぶつぎが》』。

た『鳥獣人物戯画《ちょうじゅうじんぶつぎが》』という絵巻《えまき》が、日本でいちばん古いまんがとされています。絵巻《えまき》とは長い紙にかいた絵を、トイレットペーパーのようにくるくる巻《ま》いたもの。『鳥獣人物戯画《ちょうじゅうじんぶつぎが》』には、ウサギやカエルといった動物《どうぶつ》たちが、人間のように遊《あそ》んだりふざけたりするようすがえがかれています。セリフがまったくないので現在《げんざい》のまんがとはちがって見えますが、連続《れんぞく》した絵で物語《ものがたり》を表《あらわ》していることや、物《もの》の動《うご》きやスピードを線で表現《ひょうげん》する方法《ほうほう》が見られることなどから、日本で最初《さいしょ》のまんがといわれているのです。

National Language

世界一《せかいいち》のロングセラーは「ハリー・ポッター」じゃない!?

「ベストセラー」という言葉《ことば》をよく聞きますね。1か月とか1年とかの期間《きかん》のうちでたくさん売れた本のことです。

期間《きかん》をくぎらず長い期間《きかん》にたくさん売れている本は「ロングセラー」といいます。みなさんがよく知っている本だと、「ハリー・ポッター」シリーズや『ONE PIECE《ワンピース》』の単行本《たんこうぼん》などはロングセラー。これらは世界中《せかいじゅう》で5億《おく》冊《さつ》以《い》上《じょう》売れていますよ。みんな大すきなんですね!

5億《おく》冊《さつ》も大変《たいへん》な数ですが、25億《おく》冊《さつ》以《い》上《じょう》も売れている本があります。ダントツのロングセラー、それは『聖書《せいしょ》』。ユダヤ教、キリスト教の教えが書かれた本です。25億《おく》冊《さつ》というのは、だいぶひかえめな数字で、ほんとうはもっと読まれているのです。『聖書《せいしょ》』はとても古い本で、2000年《ねん》以上《いじょう》の歴《れき》史《し》があるのですが、売れた数がわかるのは、最近《さいきん》の200年ほどの分だけ。その前にどれほどたくさん読まれてきたのか……想像《そうぞう》がつきませんね。

世界《せかい》に残《のこ》っているいちばん古いプリントは日本のお経《きょう》

学校のテストや課題《かだい》で毎日のようにくばられる「プリント」。プリントとは印刷《いんさつ》された物《もの》のことです。印刷《いんさつ》の技術《ぎじゅつ》がなかったら、先生は児童《じどう》全員《ぜんいん》分《ぶん》のテストを、1枚《まい》ずつ手書きでつくらなければならなかったはずです。大変《たいへん》すぎて、テストはなくなっていたかも……。この便利《べんり》な印刷《いんさつ》、いつごろからおこなわれているのでしょうか。

つくられた時代《じだい》が正確《せいかく》にわかる印刷物《いんさつぶつ》で世界《せかい》でいちばん古いのは、「百万塔陀羅尼《ひゃくまんとうだらに》」と呼《よ》ばれる日本のお経《きょう》です。764〜770年にかけて印刷《いんさつ》されたと考えられています。20センチメートルほどの小さな塔《とう》をたくさんつくり、その一つひとつにお経《きょう》をおさめれば国が守《まも》られる、としんじてつくられた物《もの》です。大量《たいりょう》のお経《きょう》は、当時最先端《さいせんたん》だった印刷《いんさつ》の技術《ぎじゅつ》でつくられました。手書きしか知らなかった人々《ひとびと》は、お経《きょう》の「プリント」を見て、びっくりしたのではないでしょうか。

ふりがなを意味《いみ》する「ルビ」

語《ご》源《げん》は宝《ほう》石《せき》のルビー

読みにくい漢字《かんじ》にふりがながついていることがありますね。このふりがなを印《いん》刷《さつ》用《よう》語《ご》では「ルビ」といいます。語《ご》源《げん》は宝《ほう》石《せき》の「ルビー」。どうして宝《ほう》石《せき》?

日本で活字(文字のはんこ)を組み合わせて印《いん》刷《さつ》をする「活《かっ》版《ぱん》印《いん》刷《さつ》」が始《はじ》まったころ、ふりがなのサイズは5・25ポイントが一《いっ》般《ぱん》的《てき》でした。「ポイント」は活字の大きさを表《あらわ》す単《たん》位《い》で、

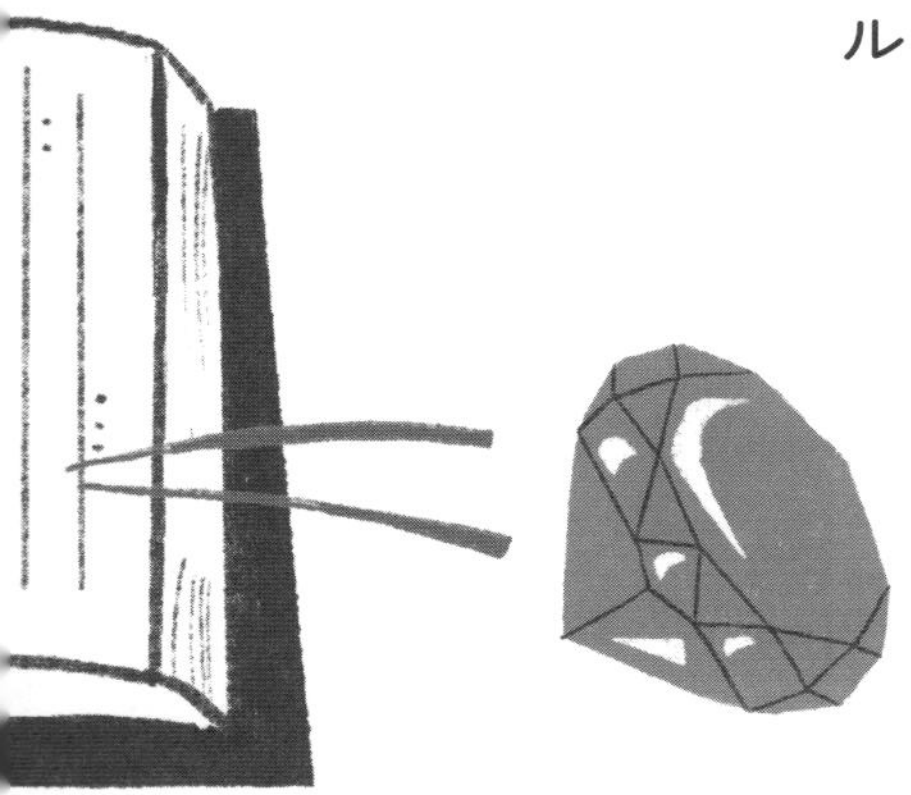

5・25ポイントは1・845ミリメートルにあたります。この大きさはイギリスから輸《ゆ》入《にゅう》していた「ルビー」と呼《よ》ばれる活字とほぼ同じでした。当時のイギリスには活字のサイズを表《あらわ》す単《たん》位《い》がなく、活字サイズの種《しゅ》類《るい》をルビー、ダイヤモンドなど宝《ほう》石《せき》の名で呼《よ》んで区《く》別《べつ》していたのです。日本でふりがなに使《つか》う活字がイギリスの活字のルビーくらいだったことから、だんだんふりがなを「ルビー」「ルビ」と呼《よ》ぶようになりました。

そういうわけで、「ルビ」は印《いん》刷《さつ》物《ぶつ》のふりがなだけの呼《よ》び方《かた》で、手書きの場合には「ふりがな」と呼《よ》びます。

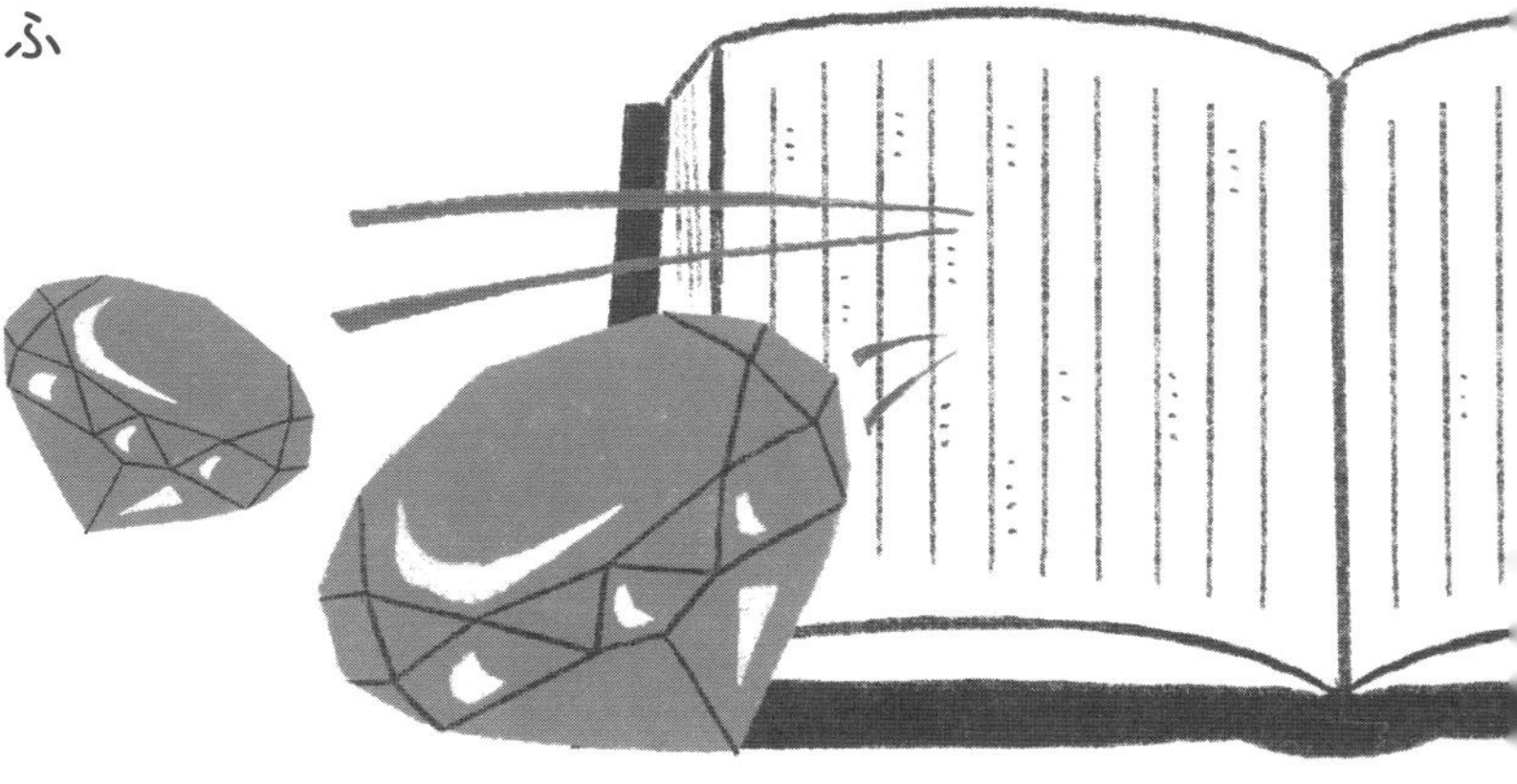

National Language

江《え》戸《ど》川《がわ》乱《らん》歩《ぽ》というペンネームの由来《ゆらい》は アメリカの作家

エドガー・アラン・ポー

「怪《かい》人《じん》二《に》十《じゅう》面《めん》相《そう》」シリーズを読んだことがありますか？　ちょっとむずかしい言《こと》葉《ば》も出てくるけど、変《へん》装《そう》名《めい》人《じん》のどろぼうと名《めい》探《たん》偵《てい》明《あけ》智《ち》小《こ》五《ご》郎《ろう》との対《たい》決《けつ》、小《こ》林《ばやし》少《しょう》年《ねん》と少《しょう》年《ねん》探《たん》偵《てい》団《だん》のかつやくにわくわくする、楽しい小《しょう》説《せつ》ですね。

「怪《かい》人《じん》二《に》十《じゅう》面《めん》相《そう》」シリーズの作《さく》者《しゃ》は江《え》戸《ど》川《がわ》乱《らん》歩《ぽ》です。「江《え》戸《ど》川《がわ》乱《らん》歩《ぽ》」という名前はペンネームで、アメリカの小《しょう》説《せつ》家《か》、エドガー・アラン・ポーの名前を日本語風にもじって

つけました。ポーは推《すい》理《り》小《しょう》説《せつ》の生みの親ともいわれる作家。ポーの作品《さくひん》に夢中《むちゅう》になった乱歩《らんぽ》は、作家として活動《かつどう》するときに、大すきなポーの名前にちなんだペンネームを名乗《なの》ったのです。その名前に負《ま》けず、乱歩《らんぽ》も日本にはじめて探偵小説《たんていしょうせつ》というジャンルを切《き》り開《ひら》いてかつやくしました。

あなたが小説家《しょうせつか》になったら、どんなペンネームを名乗《なの》りますか？

ペンネームいろいろ

夏目漱石《なつめそうせき》

「漱石《そうせき》」は負《ま》けおしみが強いという意味《いみ》の中国の慣用句《かんようく》から。

二葉亭四迷《ふたばていしめい》

自分の作家としてのふがいなさに「くたばってしめえ！」とさけんだことから。

正岡子規《まさおかしき》

「子規《しき》」は鳥のホトトギスのこと。口の中が赤く、鳴いて血《ち》をはくといわれる鳥で、子規《しき》が病気《びょうき》で血《ち》をはいても短歌《たんか》や俳句《はいく》をつくったことから。

National Language

太宰治《だざいおさむ》は、「芥川賞《あくたがわしょう》」がほしくて 選考委員《せんこういいん》にお願《ねが》いの手紙を書いた!?

テレビを見ていると、「芥川賞《あくたがわしょう》は○○さんの『△△』に決定《けってい》」というニュース速報《そくほう》が流《なが》れることがありますね。速報《そくほう》になるほど注目《ちゅうもく》される文学賞《ぶんがくしょう》は、日本ではほかにないかもしれません。

芥川賞《あくたがわしょう》は、作家の芥川龍之介《あくたがわりゅうのすけ》を記念《きねん》して1935年にもうけられた文学賞《ぶんがくしょう》です。その第《だい》1回の選考《せんこう》で候補《こうほ》にあがっていたのが、

当《とう》時《じ》若手《わかて》の作家だった太宰治《だざいおさむ》の作品《さくひん》でした。残念《ざんねん》ながら受賞《じゅしょう》できなかったのですが、芥川《あくたがわ》のファンだった太宰《だざい》は、どうしてもこの賞《しょう》がほしい！ 次《つぎ》の年こそ受賞《じゅしょう》したくて、選考委員《せんこういいん》のひとりに「芥川賞《あくたがわしょう》をもらえば、わたしは人の情《なさけ》になくでしょう。そうして、どんな苦《くる》しみともたたかって、生きて行けます」という内容《ないよう》の手紙を送《おく》ったほどでした。結局《けっきょく》、第《だい》２回も受賞《じゅしょう》はできませんでしたが、このできごとは、芥川賞《あくたがわしょう》をめぐるエピソードとして最《もっと》もよく知られているものの１つです。

流行語《りゅうこうご》量産《りょうさん》ナンバーワンは

シェイクスピア!?

「ブルータスよ、おまえもか」「生きるべきか死《し》ぬべきか、それが問題《もんだい》だ」。とても有名《ゆうめい》なお芝居《しばい》のセリフなので、みなさんも聞いたことがあるかもしれません。これらのセリフを書いたのはウィリアム・シェイクスピア。1600年前後にイギリスでかつやくした劇作家《げきさっか》、詩人《しじん》で、『ロミオとジュリエット』『ハムレット』など、数々《かずかず》の名作で知られています。

このシェイクスピア、新しい言葉《ことば》をつくる名人でもありました。もともとあった言葉《ことば》を新しい意味《いみ》で使《つか》ったものもふくめると、1700以上《いじょう》の新しい言《こと》葉《ば》をつくったといわれています。今では使《つか》われていない言《こと》葉《ば》もありますが、シェイクスピアが使《つか》い始《はじ》めたといわれる「lonely（さびしい）」「hurry（急《いそ》ぐ）」などは、基本的《きほんてき》で重要《じゅうよう》な単語《たんご》として今も使《つか》われている言《こと》葉《ば》です。つくった言葉《ことば》の数ではナンバーワンといえるでしょう。そして新しい言葉《ことば》までつくって、おもしろいことも悲《かな》しいこともたくみに書いたシェイクスピアは、特別《とくべつ》な才能《さいのう》をもつオンリーワンの作家でした。

芥川龍之介《あくたがわりゅうのすけ》の『偸盗《ちゅうとう》』は 芥川《あくたがわ》本人にとっては失敗作《しっぱいさく》!?

「芥川賞《あくたがわしょう》」で有名《ゆうめい》な芥川龍之介《あくたがわりゅうのすけ》の作品《さくひん》に『偸盗《ちゅうとう》』という小説《しょうせつ》があります。偸盗《ちゅうとう》とはどろぼうのこと。平安時代《へいあんじだい》のどろぼうの一味《いちみ》が、たがいにうそをつき合い、うたがい合いながら、命《いのち》がけの強盗《ごうとう》をするというスリリングな物語《ものがたり》です。現在《げんざい》では広く読まれている作品《さくひん》ですが、芥川《あくたがわ》は友人にあてた手紙の中で、「ぼくの書いたもんじゃいちばん悪《わる》いよ」などと自ら手きびしく批評《ひひょう》して、生きているあいだに出した単行本《たんこうぼん》には『偸盗《ちゅうとう》』をおさめませんでした。芥川自《あくたがわじ》身《しん》にとってはつまらない小説《しょうせつ》ナンバーワンだったようです。

『偸盗《ちゅうとう》』は、『今昔物語集《こんじゃくものがたりしゅう》』という古典《こてん》をもとにして書かれた作品《さくひん》です。芥川《あくたがわ》は古典《こてん》の物語《ものがたり》を題材《だいざい》にした小説《しょうせつ》をたくさん書きました。

芥川《あくたがわ》はよく河童《かっぱ》の絵をかいていました。『河童《かっぱ》』という短編作品《たんぺんさくひん》も残《のこ》しています。このことから、芥川《あくたがわ》の命日《めいにち》（7月24日）は「河童《かっぱ》忌《き》」と呼《よ》ばれています。

National Language

夏目漱石《なつめそうせき》のデビュー作『吾輩《わがはい》は猫《ねこ》である』は

ネコのおかげでヒットした!?

「吾輩《わがはい》は猫《ねこ》である。名前はまだ無《な》い」という書き出しで有名《ゆうめい》な、夏目漱石《なつめそうせき》の小説《しょうせつ》『吾輩《わがはい》は猫《ねこ》である』。この小説《しょうせつ》にまつわるちょっとふしぎな話があります。

漱石《そうせき》は作家になる前は学校の先生でしたが、仕事《しごと》や家族《かぞく》のことでなやんでいました。そんなときに、夏目家《なつめけ》に1匹《ぴき》の黒ネコが入りこみます。家族《かぞく》は追《お》い出《だ》そうとしましたが、漱石《そうせき》が「飼《か》ってあげよう」と言って、そのネコは夏目家《なつめけ》のネコになりました。

このネコを見たある人が言うには「こういうつめまで黒

いネコは幸運《こううん》のネコで、家をゆたかにする」。その年の終《お》わりごろ、漱石《そうせき》は「気晴らしに」とすすめられて小説《しょうせつ》を書きました。教師《きょうし》の家に飼《か》われているネコが語り手になったユニークな小説《しょうせつ》です。この最初《さいしょ》の小説《しょうせつ》『吾輩《わがはい》は猫《ねこ》である』が大評判《だいひょうばん》になって漱石《そうせき》は作家として歩《あゆ》み始《はじ》めました。その後、人気作家となったのも、幸運《こううん》のネコのおかげかもしれません。

National Language

世界《せかい》でいちばん短《みじか》い手紙のやりとりは「？」と「！」だった

友だちとのメールやラインのやりとりは短《みじか》いことが多いですね。「ひま？」「塾《じゅく》」「おけ」でおしまい、というようなこともあるのではないでしょうか。

短《みじか》さなら昔《むかし》の手紙も負《ま》けていません。19世紀《せいき》のフランスの作家、ビクトル・ユーゴーは、『レ・ミゼラブル』という本を出したあと、出版社《しゅっぱんしゃ》に「？」とだけ書いた手紙を送《おく》りました。「売れ行きはどうかな……？」という意味《いみ》です。すると、出版社《しゅっぱんしゃ》から「！」とだけ書かれた返事《へんじ》がとどきました。「すばらしく売れていますよ！」という意味《いみ》でした。

このやりとりは、世《せ》界《かい》でいちばん短《みじか》い手紙としてとても有《ゆう》名《めい》です。

　もし、本があまり売れていなかったら、１文字でどんな返《へん》事《じ》をしたのでしょうか。みなさんも残《ざん》念《ねん》な結《けっ》果《か》をお知らせする１文字手紙を考えてみてください。

名前クイズ

1

あやしい不吉《ふきつ》な流星《りゅうせい》のことをなんという？
1〜3の中からえらぼう。

1. ようかい
2. ようせい
3. おれおれ

2

ちょんまげのそりあげている部分《ぶぶん》をなんという？

1. みそやき
2. さかやき
3. あぶらやき

3

新幹線《しんかんせん》は英語《えいご》で言うと1〜3のどれ？

1. はやいね（Hayaine）
2. とっきゅう（Tokkyu）
3. しんかんせん（Shinkansen）

4

伊勢神宮《いせじんぐう》の正式名称《せいしきめいしょう》は1〜3のどれ？

1. 神宮《じんぐう》
2. 神社《じんじゃ》
3. 社《やしろ》

答えは127ページ

記号《きごう》・言葉《ことば》の
おもしろ
9連発《れんぱつ》

National Language

絵文字は 世界《せかい》でも「エモジ」と呼《よ》ばれる

黄色いまん丸《まる》笑顔《えがお》の「スマイリー」や、お天気マークなど、「絵文字」はよく知っていますね。海外でも使《つか》われています。絵文字は英語《えいご》でも「emoji（エモジ）」。日本語と同じです。日本で最初《さいしょ》につくられて、それが世界《せかい》に広まったので、呼《よ》び方《かた》も日本語で広まったのです。寿司《すし》が世界《せかい》でも「sushi（スシ）」と呼《よ》ばれるのと同じですね。

メールで使《つか》う文章《ぶんしょう》以外《いがい》の文字としては、ほかに顔文字があります。海外でも使《つか》われますが、英語《えいご》では「emoticon（エモティコン）」と呼《よ》びます。表情《ひょうじょう》も日本の顔文字とは少しちがっています。また、日本人にはなじみのある「見ざる・言わざる・聞かざる」の三猿《さんざる》の絵文字は外国の人から見るとなぜちがうサルが3匹《びき》いるのかふしぎみたいですよ。日本人にとってよくわからない絵文字も外国にはたくさんあるかもしれないですね。顔文字を比《くら》べたり、どんな絵文字があるのか見たりするとおもしろいですよ。

What?
see no evil
hear no evil
speak no evil

顔文字の例《れい》

日　本 ➡ (^_^)
アメリカ ➡ :)
笑顔《えがお》を表《あらわ》す顔文字。
向《む》きもちがっている。

キーボードのならびは アルファベット順《じゅん》だった

　パソコンの入力をはじめて習《なら》ったとき、「どうしてキーボードはアルファベット順《じゅん》にならんでないの！」と思いませんでしたか？　おぼえてしまうまでは、どのキーがどこにあるのか、さがすだけで大変《たいへん》でしたよね。

　コンピューターのキーボードのならび方は、タイプライターという機械《きかい》がもとになっています。タイプライターのキーは、もともとはアルファベット順《じゅん》にまとめてならべられていました。それを、よく使《つか》うキーは打《う》ちやすいところに、つづけて使《つか》うキーはならべて、といった具合《ぐあい》にどんどん動《うご》かしていきました。キーを移《い》動《どう》させることで、速《はや》く入力できるようになりましたが、でたらめに見えるならび方になってしまったというわけです。コンピューターのキーボードは、この配《はい》列《れつ》を受《う》けつぎました。左上の6つのキーにちなんで「QWERTY《クワーティ》配《はい》列《れつ》」と呼《よ》ばれます。

　もっと速《はや》く入力できるならび方もありますが、QWER《クワー》TY《ティ》配《はい》列《れつ》のキーボードがいちばんよく使《つか》われています。

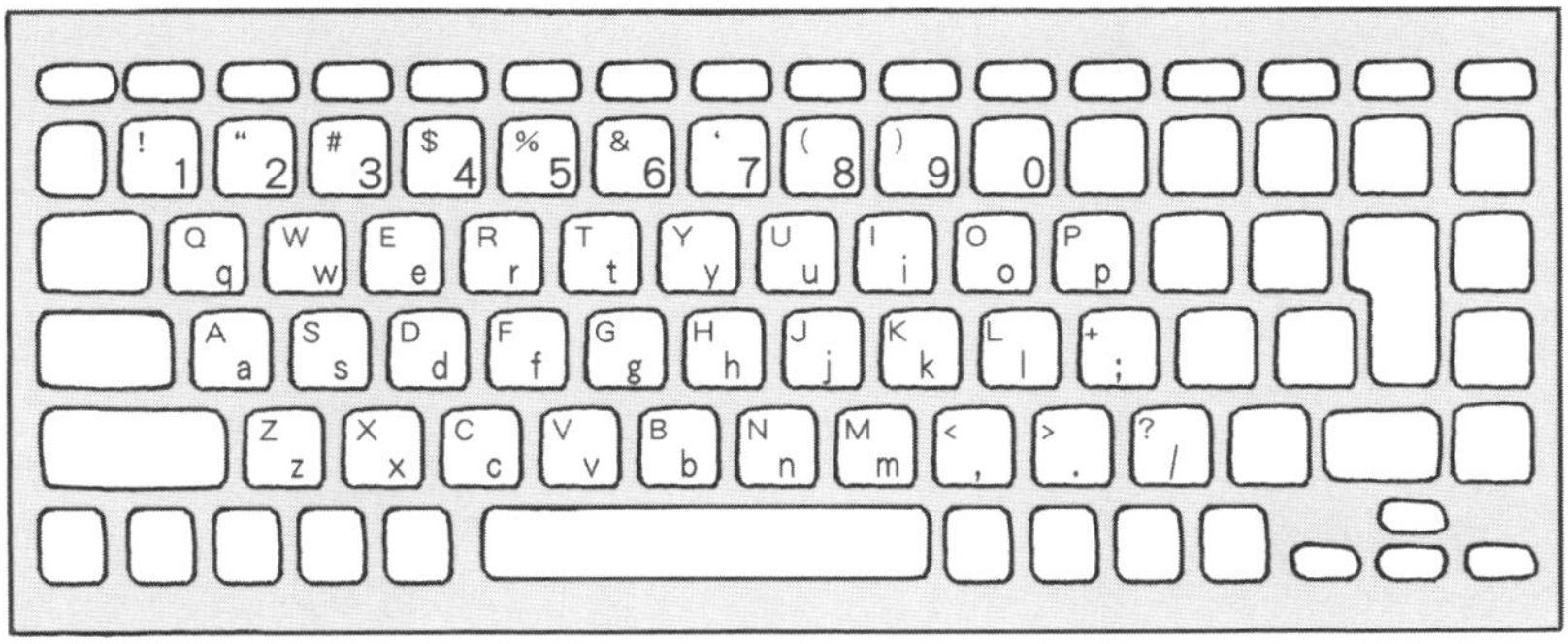

「＃」と「＃」は そっくりだけどまったく別《べつ》の記号《きごう》

SNS《エスエヌエス》のハッシュタグに使《つか》われている「＃」。「シャープ」と呼《よ》ばれることもあるようですが、「＃」はシャープとは別《べつ》の記号《きごう》です。

「＃」はハッシュマーク、ハッシュ記《き》号《ごう》と呼《よ》びます。通《とお》し番《ばん》号《ごう》や電《でん》話《わ》番《ばん》号《ごう》などの先頭において、「ここから番《ばん》号《ごう》ですよ」という意《い》味《み》を表《あらわ》す記《き》号《ごう》です。ハッシュタグでは「＃」

につづく言葉《ことば》がテーマやキーワードであることをしめしています。一方、シャープ「♯」は音楽の記号《きごう》で、「半音高くする」を意味《いみ》します。
　形がそっくりなので見分けがつきにくいけど、「#」も「♯」もそれぞれオンリーワンの意味《いみ》と役割《やくわり》をもっています。ハッシュタグにまちがえてシャープをつけてしまうと、ハッシュタグとして認識《にんしき》されないので注意《ちゅうい》！

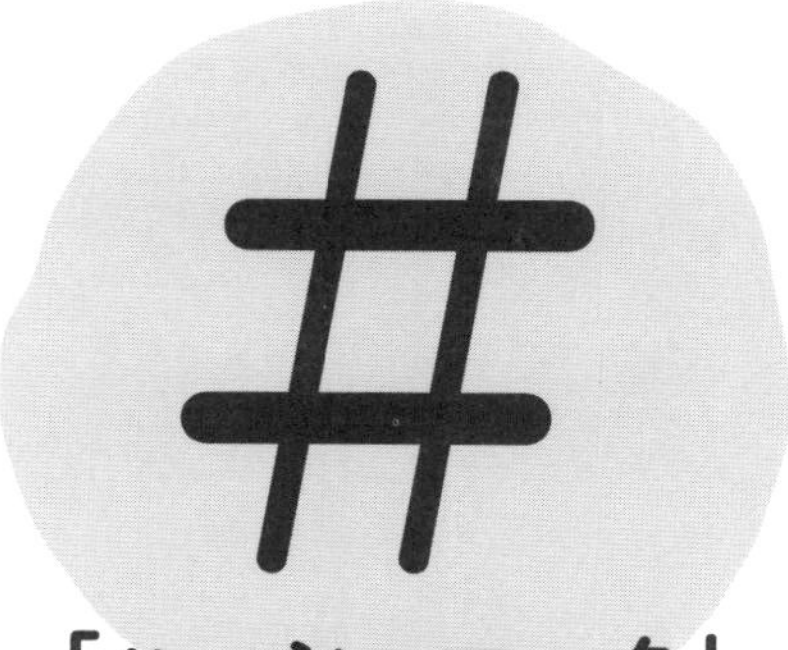

「ハッシュマーク」

たての棒《ぼう》がななめ

「シャープ」

横《よこ》の棒《ぼう》がななめ

スペイン語では「？」「！」を逆《さか》さまでも使《つか》う

スペイン語は、スペインだけでなく、中《ちゅう》南《なん》米《べい》大《たい》陸《りく》の国々《くにぐに》などで広く使《つか》われている言葉《ことば》です。英《えい》語《ご》、中国語に次《つ》いでたくさんの人が使《つか》っている言語だといわれています。

このスペイン語の大きな特徴《とくちょう》の1つに、「¿」「¡」があります。印刷《いんさつ》

のまちがいではありませんよ。「¿」は逆《ぎゃく》疑《ぎ》問《もん》符《ふ》、「¡」は逆《ぎゃく》感《かん》嘆《たん》符《ふ》といって、正しい記《き》号《ごう》なのです。文《ぶん》章《しょう》の先頭におかれて、「ここから疑《ぎ》問《もん》文《ぶん》が始《はじ》まります」「ここから感《かん》嘆《たん》文《ぶん》（感《かん》動《どう》を表《あらわ》す文）が始《はじ》まります」という意《い》味《み》を表《あらわ》します。例《たと》えば「¿Cómo está?（元気ですか？）」「¡Hola!（こんにちは！）」という具《ぐ》合《あい》です。

「¿」「¡」を使《つか》うのはスペイン語だけなので、この逆《さか》さまの記《き》号《ごう》を見たら、「¡あ、スペイン語！」と思ってください。

National Language

降《こう》水《すい》確《かく》率《りつ》0パーセントの「0」は ゼロとは読まない

天《てん》気《き》予《よ》報《ほう》のキャスターになりきって、「降《こう》水《すい》確《かく》率《りつ》は0パーセントです」を読んでみてください。「ゼロパーセント」と読んでしまいましたか？　残《ざん》念《ねん》！　正《せい》解《かい》は「れいパーセント」です。「0」を「ゼロ」と読むのは英《えい》語《ご》読《よ》みです。英《えい》語《ご》の辞《じ》書《しょ》にも「zero（ゼロ）」が掲《けい》載《さい》されていま

す。日本語としては「0」は「れい」と読むのが正式《せいしき》で、漢字《かんじ》では「零」の字をあてます。そういえば、テストの「0点」は「れいてん」と読むし、小数「0・1」は「れいてんいち」と読みますね。

例外《れいがい》もあって、赤ちゃんの年齢《ねんれい》を「ゼロ歳《さい》」と言ったり、低地《ていち》を「ゼロメートル地《ち》帯《たい》」と言ったりします。すでに単語《たんご》としてオンリーワンの意味《いみ》をもって広く使《つか》われている場合は「ゼロ」でよさそうです。

降水確率《こうすいかくりつ》0パーセントでも雨はふる!?

実《じつ》は0パーセントでもふるかもしれないのです。5パーセントより低《ひく》い確率《かくりつ》なら0パーセントとされるからです。また、天気予報《てんきよほう》で使《つか》う場合《ばあい》、「降水《こうすい》」は一定《いってい》の時間にふった雨がどこにも流《なが》れなかった場合に1ミリメートル以上《いじょう》たまることを条件《じょうけん》としているので、それより少ない雨なら降水確《こうすいかく》率《りつ》は0パーセントとされます。つまり、ひょっとしたら、ほんの少しの雨なら、ふる可能《かのう》性《せい》があるということですね。

National Language

昔《むかし》の日本語は「、」や「。」を使《つか》わずに書いた

作文で、「最後《さいご》の『。』がぬけていますよ」と先生から注意《ちゅうい》をされたことがありませんか？「、」や「。」には文章《ぶんしょう》の区切《くぎ》りや終《お》わりを表《あらわ》す役割《やくわり》があると教わっていますね。

でも、昔《むかし》の日本語には「、」や「。」は使《つか》われていませんでした。読む人は、文の終《お》わりの言い切りの形などから「ここが意味《いみ》の切れ目なんだな」と見当をつけて読んでいました。

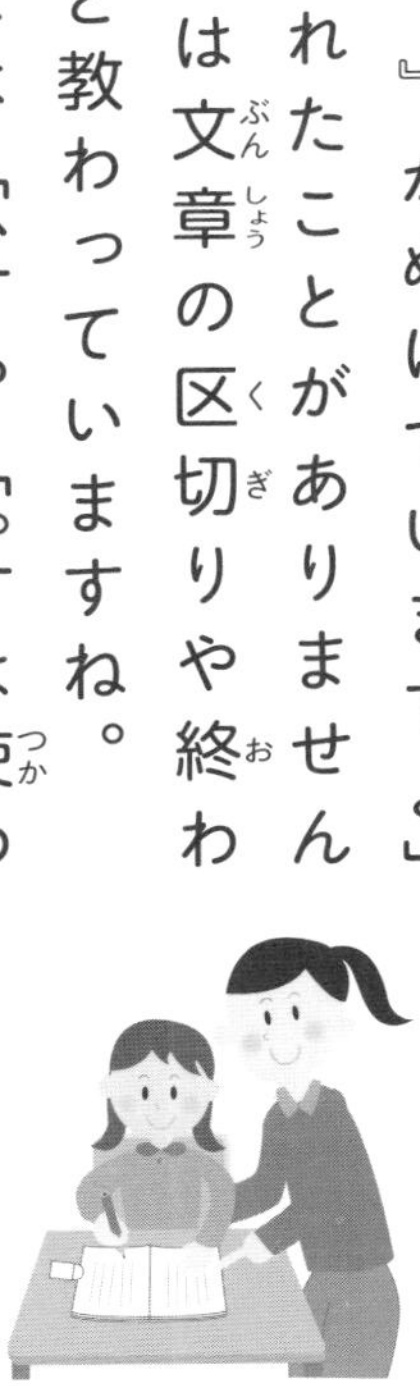

「、」や「。」は室《むろ》町《まち》時《じ》代《だい》から使《つか》われはじめ、明《めい》治《じ》時《じ》代《だい》以《い》

降《こう》、本格的《ほんかくてき》に広まりました。今では「、」「。」はいろいろな文章《ぶんしょう》でかつやくするいちばんのはたらき者《もの》です。

「、」「。」がないと、文章《ぶんしょう》はこんなに読みにくい！

昔々《むかしむかし》あるところにおじいさんとおばあさんがいましたある日おじいさんは山へしばかりにおばあさんは川へ洗《せん》たくに行きましたそこへ大きなモモがどんぶらこどんぶらこと流《なが》れてきました

あらたまった手紙では「、」「。」を使《つか》わない

結婚式《けっこんしき》の招待状《しょうたいじょう》など、正式《せいしき》な手紙では今も「、」「。」を使《つか》いません。昔通《むかしどお》りの書き方がいちばんていねいとされているからです。文章《ぶんしょう》の区切《くぎ》りは、字のあいだをあけたり改行《かいぎょう》したりして表《あらわ》します。

わからない日本語を使《つか》う料理店《りょうりてん》ナンバーワンは
お寿司屋《すしや》さん

お寿《す》司《し》屋《や》さんで、ふしぎな言葉《ことば》を聞いたことがありませんか？「あがり」「おあいそ」などなど。どこにあがるの？ あいそうがどうしたの？ いったいなんのことでしょう。

これらの言葉《ことば》は「符丁《ふちょう》」と呼《よ》ばれるものです。仲間《なかま》うちだけに通じる言葉《ことば》のことで、「隠語《いんご》」ともいいます。「あがり」はお寿《す》司《し》屋《や》さんの符丁《ふちょう》でお茶のこと（食事《しょくじ》の最後《さいご》に出していたことから）、「おあいそ」は精算《せいさん》のこと（お金を請《せい》求《きゅう》するとあいそがなくなりそうだから）です。

符丁《ふちょう》はいろいろな業界《ぎょうかい》や店で使《つか》われます。料理店《りょうりてん》で今でもいちばん多く使《つか》うのがお寿《す》司《し》屋《や》さん。もともとお寿《す》司《し》屋《や》さんは、客《きゃく》が注《ちゅう》文《もん》したものをすぐに職《しょく》人《にん》がにぎって出す、というスタイルが一《いっ》般《ぱん》的《てき》でした。客《きゃく》と職《しょく》人《にん》の距《きょ》離《り》が近く、職《しょく》人《にん》どうしの話が客《きゃく》に聞こえてしまうので、客《きゃく》にわからないよう符《ふ》丁《ちょう》を使《つか》うことが増《ふ》えたのだといわれています。

　客《きゃく》であるみなさんには意《い》味《み》がわからなくてOK《オーケー》。でもやっぱりちょっと知りたくなってしまいますね。

お寿《す》司《し》屋《や》さんの符《ふ》丁《ちょう》いろいろ

シャリ

すし飯《めし》のこと。白米を仏舎利《ぶっしゃり》（仏《ほとけ》さまの白い遺骨《いこつ》）にたとえた。

むらさき

しょうゆのこと。昔《むかし》、しょうゆのような赤茶色をむらさきと言ったことから。

ガリ

ショウガのこと。かむとがりがり音がするから。

片思い《かたおもい》

アワビのこと。「磯《いそ》のあわびの片思い《かたおもい》」という言葉《ことば》から（アワビは二枚貝《にまいがい》ではないので、「片貝《かたがい》」→「片思《かたおも》い」という言葉遊《ことばあそ》び）。

なみだ

わさびのこと。ききすぎるとなみだが出るから。ツーン！

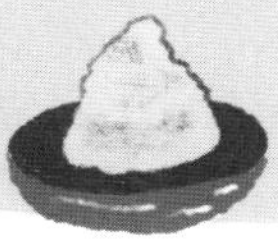

橋《はし》には入口と出口があり

橋《はし》の名前の書かれ方で見分けられる

川や海の上にかかる橋《はし》。あちらからもこちらからも同じようにわたることができますね。当然《とうぜん》あちら側《がわ》もこちら側《がわ》も対等《たいとう》、と思いきや、橋《はし》には入口と出口があるのです。

橋《はし》の入口と出口を見分けるいちばんかんたんな方法《ほうほう》は、橋《はし》の両端《りょうたん》にある橋《はし》の名前を記した板《いた》の文字を見ること。橋《はし》の名前が漢字《かんじ》で書かれていたら、そちらが入口です。橋《はし》をわたって

反《はん》対《たい》側《がわ》の板《いた》も確《かく》認《にん》してみましょう。橋《はし》の名前はひらがなで書かれているはずです。こちらが出口という意《い》味《み》です。

どちら側《がわ》を入口にするかの基《き》準《じゅん》は、昔《むかし》は東京の日《に》本《ほん》橋《ばし》に近いほうが入口、と決《き》まっていたようですが、現《げん》在《ざい》では地《ち》域《いき》によってことなります。

入口と出口が決《き》まっていても、出口から入ることもあるし、入口から出ることもあるし、なんだか橋《はし》をわたるのがむずかしくなってしまいそうですね。

National Language

入口に「春夏冬中」と書いてあるお店は
オープンしているお店!

お店の入口に「営業中《えいぎょうちゅう》」「準備中《じゅんびちゅう》」「OPEN《オープン》」「CLO《クロー》SED《ズド》」などの札《ふだ》がかけられていることがありますね。「営《えい》業中《ぎょうちゅう》」や「OPEN《オープン》」なら安心《あんしん》してお店に入っていけます。

では、「春夏冬中」という札《ふだ》だったら、どうしますか?

季節《きせつ》がならんでいるけど、よく見ると「秋」だけがないようです。「秋ない」+「中」→「あきない中」→「商《あきな》い中」。つまり「営業中《えいぎょうちゅう》」ということなので、入ってだいじょうぶ!

なぞときなどが得意《とくい》な人は、さっと意味《いみ》がわかったかもしれませんが、こうしたなぞなぞは江戸《えど》時代《じだい》にも流行《りゅうこう》していました。「判《はん》じ物《もの》」と呼《よ》ばれ、字の意味《いみ》を読みとくものは「字なぞ」、絵の意味《いみ》を読みとくものは「判《はん》じ絵《え》」などとも呼《よ》ばれました。言葉《ことば》を使《つか》ったなぞときは昔《むかし》も今もかわらない日本人ならではの遊《あそ》びのようです。

判《はん》じ絵《え》の例《れい》

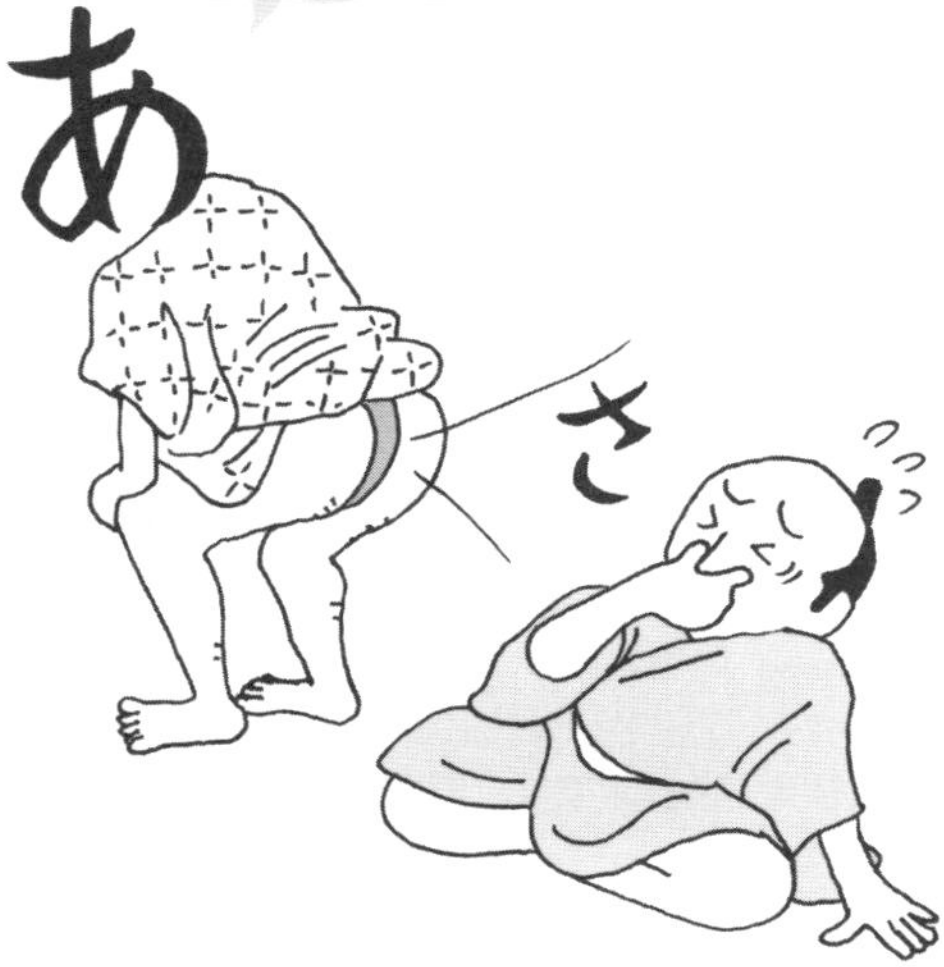

「あ」がしたおならがくさい！
→「あ」「さ」「くさ」→ **浅草《あさくさ》**

歯《は》と逆《さか》さまのネコ
→「歯《は》」「コネ」→ **箱根《はこね》**

世界初《せかいはつ》！　手話を公用語にした国

ニュージーランド

世界《せかい》の国々《くにぐに》には、それぞれ「公用語」とされる言語があります。公の場で使《つか》われることがみとめられた言《こと》葉《ば》のことで、日本の場合は日本語です。公用語が１つではなく、いくつかの言語がみとめられている国もあります。

ニュージーランドの公用語は３つです。１つ目は英《えい》語《ご》。２つ目は先住民族《せんじゅうみんぞく》のマオリ族《ぞく》の言葉《ことば》であるマオリ語。そして３つ目はニュージーランド手話。ニュージーランドは、手話を公用語としてみとめた世界《せかい》で初《はじ》めての国なのです。

裁判《さいばん》の手つづきなど社会生活のさまざまな場面《ばめん》で、言葉《ことば》がやりとりできないために耳の不自由《ふじゆう》な人の権利《けんり》がじゅうぶんに守《まも》られていないという問題《もんだい》があります。

手話は国ごとに独自《どくじ》のものが使《つか》われているので、日本の手話とニュージーランドの手話はことなる。どの国の人にも通じる手話として「国際手話《こくさいしゅわ》」がある。

ニュージーランドでは、この問題《もんだい》を解決《かいけつ》するために「耳の不自由《ふじゆう》な人が使《つか》っているニュージーランド手話を、ニュージーランドの言語としてみとめよう」という動《うご》きが生まれ、2006年から公用語として手話が使《つか》われ始《はじ》めました。

クイズの答え

漢字《かんじ》クイズ（26ページ）

① **1**

百（100）の漢字《かんじ》から一（1）を取《と》る（引く）と白（99）になることから白寿《はくじゅ》という。米寿《べいじゅ》は88歳《さい》、還暦《かんれき》は60歳《さい》のお祝《いわ》いのこと。

② **3**

ローマは「羅馬」、パリは「巴里」と書く。

③ **2**

オルガンは「風琴」、ハープは「竪琴」と書く。

④ **3**

虎魚は「オコゼ」、雨虎は「アメフラシ」と読む。

名前クイズ（106ページ）

① **2**

ようせいは「妖星」と書く。昔《むかし》、流星《りゅうせい》は悪《わる》いことがおきる前兆《ぜんちょう》としんじられていた。

② **2**

さかやきは「月代」と書く。

③ **3**

④ **1**

主な参考文献

『合本俳句歳時記』（角川書店）
『もう雑談のネタに困らない！　大人の雑学大全』（青春出版社）
『広辞苑 第六版』（岩波書店）
『大辞泉（増補・新装版）』（小学館）
『蝸牛考』（岩波書店）
『東北方言オノマトペ（擬音語・擬態語）用例集：青森県・岩手県・宮城県・福島県』（人間文化研究機構 国立国語研究所）
『ロビンソン・クルーソー』（光文社）
東京国立博物館ウェブサイト
農林水産省ウェブサイト

編集・制作　株式会社 アルバ
執　筆　そらみつ企画
デザイン・DTP　株式会社 明昌堂
イラスト　木溪そのみ
堀江篤史
校正・校閲　株式会社 ぷれす

教科別　びっくり！オモシロ雑学

どっきり国語 1

2024年1月31日　第1刷発行

編　国語オモシロ雑学研究会
発行者　小松崎敬子
発行所　株式会社 岩崎書店
〒112-0005
東京都文京区水道 1-9-2
電話　03-3812-9131（営業）
03-3813-5526（編集）
振替　00170-5-96822
印刷　三美印刷 株式会社
製本　株式会社 若林製本工場

NDC 914
ISBN 978-4-265-09166-9

Published by IWASAKI Publishing Co., Ltd. Printed in Japan
ご意見ご感想をお寄せください。
E-mail　info@iwasakishoten.co.jp
岩崎書店ホームページ　https://www.iwasakishoten.co.jp
落丁本・乱丁本は小社負担にておとりかえします。